台灣放輕鬆

台灣放輕鬆

台灣放輕鬆

台灣放輕鬆

TAIWAN

11 學術台灣人

總策劃／莊永明

監修／曹永和、張勝彥、許雪姬、吳密察
文／晏山農、范燕秋、陳純瑩
漫畫／似鳥
繪圖／閒雲野鶴

Portraits of Scholars in Taiwanese History

台灣放輕鬆 11
學術台灣人

總策劃：莊永明
撰文：晏山農、范燕秋、陳純瑩
漫畫：似鳥
歷史插圖：閒雲野鶴

監修：曹永和、張勝彥、許雪姬、吳密察
副總編輯：周惠玲
執行編輯：葉益青
編輯：陳彥仲
攝影、圖片翻拍：陳輝明、徐志初、宋依婷
美術總監：張士勇
美術構成：集紅堂廣告有限公司

發行人——王榮文
出版發行——遠流出版事業股份有限公司
台北市100汀州路3段184號7樓之5
郵撥 / 0189456-1
電話 / (02)2365-1212　傳眞 / (02)2365-7979

香港發行　遠流（香港）出版公司
香港北角英皇道310號雲華大廈四樓505室
電話2506-9048　傳眞2503-3258
香港售價　港幣107元

著作權顧問——蕭雄淋律師
法律顧問——王秀哲律師、董安丹律師
2002年10月1日　初版一刷

take

it

easy

目　錄

北臺

縮尺 四十萬分／一

◀清末行政中心開始北移，1920年，台北市未設置之前，日本
殖民政府設置台北州，統轄今台北縣市、基隆市、宜蘭縣。
本圖為大正14（1925）年的《台北州管內圖》，本冊學術人
物也多出生或於此區域內發展他們的學術生涯。

總序

莊永明

閱讀歷史，會是一種沉重的負擔嗎？

了解歷史人物，會是一種困難的事情嗎？

放輕鬆！

請靠近一點，翻一翻這套書； 你會發現歷史並不生澀，歷史也絕不難懂，歷史更不是「遙不可及」的事。

你會覺得歷史人物絕不是「神主牌」，更不是不食人

編輯體例說明

【台灣歷史報】
帶你回到過去，見證歷史news化

【老廣告】
給你新古董的台灣味兒

【Q&A】
挑戰你的「哈台」指數

間煙火，何況你所要貼近的是台灣
人物，你所要明瞭的是台灣歷史。

　　沒有錯，就從這時候開始，讓
我們走進時光隧道，讓我們回顧歷
史長廊。

　　學習歷史，最快的入門方法是
閱讀傳記；正如史學家羅斯（A. L.
Rowse）所說的一句話：

　　「閱讀傳記是可以學到許多歷
史的最便捷方法。」

【延伸閱讀】
⇨ 《工學博士長谷川謹介傳》，1937
　出版（本書為日文資料，長谷川死
　後由其舊部屬製作出版，目前本書
　收藏於成功大學圖書館）。

朱一貴年表
1688~1721

1688
●朱一貴出生於福建漳州府長泰縣。

1713
●朱一貴來到台灣，時年26歲，於府城（台南）
　台廈道衙門打雜。不久離職，轉往大武汀幫人
　種田度日，並以養鴨發跡。

1721
●4月19日，因台灣知府王珍苛酷擾民，朱一貴
　取傳子餘人，正式山難圖山

【延伸閱讀】
提供深入資訊

【人物小傳】
告訴你有趣的軼聞故事

【舊聞提要】
打通你的任督二脈，變成全方位台灣通

【年表】
從時間軸認識個人

讓我們從「三分鐘認識一位歷史人物」開始吧！

歷史教育是積累土地上世世代代先人的生活經驗；台灣歷史在威權時代，總是若隱若現的，甚至是「啞劇」，本土歷史人物自然也「難見世面」。

台灣邁進民主時代後，國民中小學才開始有了「鄉土教學」、「認識台灣」、「母語教育」等課程，然而在倉促間推出「本土」文化的教學，到底能喚醒多少人的歷史記憶和土地的認同？

台灣歷史人物，不論是原住民、閩南人、客家人，或外省人、外籍人士，只要在這塊土地流汗、流淚、流血奮鬥、奉獻，都是這套書選材的對象，為著在「歷史長廊」有著連貫性的互應，本套書也依學術、文學、美術、政治……做為分類上的貫連，每一位人物且透過「台灣歷史報」去探索時空背景，因此這不僅是傳記書，也是歷史書。

胡適在其《四十自述》中盼望「添出無數的可讀而又可信的傳記來」，【台灣放輕鬆】系列當然也有這樣的企圖，僅是做為一種「入門書」，其最主要的意義還是導引大家對台灣人物、台灣歷史的興趣，相信有了此「紮根」的歷史教育，社會倫理、自然關愛也必落實。

祈盼台灣在積極打造成為「科技島」之餘，也不忘提升為紮實於本土歷史認知的「人文島」，台灣才不致沈淪。

百年來的台灣學術發展

曹永和

「學術」這兩個字，雖然是讓人朗朗上口的「詞彙」，但什麼是學術，恐怕還沒有一個人人認可的說法。畢竟，歷史是「一人一款」，學術的定義與發展，也會隨時代背景產生變化。

本冊《學術台灣人》，係以日治時期在台灣出生的台籍人士與戰後來自中國之學者，其在專業領域對台灣學術有貢獻者為主要收錄對象。這些人因其擁有「台灣經驗」，而視為「學術台灣人」。

學術，代表一個地區累積發展出來的文化，其深度、廣度與所能培育的人才，與該地的政治、學術環境有密切的關係。以台灣來看，二次大戰前後立場、背景完全不同的統治者，即對戰前、戰後的台灣學術界產生了深刻的影響。

戰前的台灣，是日本統治下的殖民地。日本人重視基礎建設，較缺少獨立的學術活動。台北帝國大學雖然培養了如杜聰明、徐慶鐘、潘貫等台籍菁英，但多數學生仍為日本人；加上學術研究在當時屬於一種「不能賺吃」的行業，因此投入學術工作的人並不多。以台北帝國大學醫學部培養的台籍人士為例，即多半以醫生為業，很少有人成為醫學研究者；法學部畢業的則多當律師，幾乎沒有人從事法學研究。

現今許多人以為日治時代若能就讀

台北帝國大學是日治時期台灣教育的最高學府。

台北帝大，日後勢必飛黃騰達，殊不知台北帝大可說是日治時期運氣最不好的大學。與日本內地的帝國大學相比，台北帝大不但設置年代晚，規模較小，學生也不多；待首屆學生畢業時，又遭逢經濟不景氣，謀職困難，因此無法走上學術研究之路。理科畢業生，尚可求得作實驗的機會，文科畢業生的機會則微乎其微；如社會學者陳紹馨，自日本東北帝大畢業返台後，即因景氣不佳未能順利就業，最後只能在台北帝大充當臨時人員。

陳荊和的《大越史記全書》。

這種現象，等到二次大戰結束、日籍學者紛紛返國後，這些日治時期已打好基礎、受到嚴格訓練的台籍研究者，才有機會「出頭天」。然而不久，隨新政權抵台的許多中國學者，使得學術圈的情況又有新局面。

陳荊和的《十六世紀之菲律賓華僑》，顯示了他在東南亞史的研究成果。

戰後來台的中國學者，其研究多數蔚為主流。以史學界來說，錢穆與中國史成為1980年代以前台灣的歷史學主流，居住地的台灣史則為邊緣研究。今日，時局雖然略有演變，有人認為台灣史已搖身一變成為「顯學」；但實際上，在大學的歷史教學系統中，仍只是「小學」而已。以上，在在說明了學術發展是會隨政治局勢的改變而有所不同。

若以嚴謹角度看待本書選錄的學術人物，首位傳主連雅堂雖然以《台灣通史》一書在戰後被推崇為「日治時的台灣精神」，並因其代表的時代性，而成為台灣史先驅，但其傳統志書的撰述方式，並非嚴謹的學術研究。

本書有部分傳主，在中國早有學術地位，抵台後卻未能持續其學術研究、開創新局，如傅斯年、胡適等，活動重心已跨越學術範疇。但也有部分人士抵台後成績斐然，如國粹主義的代表錢穆，在素書樓授徒傳業；原以明末清初天主教史為研究重心的方豪，從此致力宋史與台灣史研究；佛學思想大家釋印

順，專心論述，影響深遠；戲劇學者姚一葦，護佑台灣戲劇的發展；國際知名物理學家吳大猷，則積極對政府建言，影響台灣的科學發展。

本地研究者也漸受注目，如今日許多台灣史資深學者的共同老師楊雲萍；日治時期畢業自慶應大學，專研東南亞史——特別是越南史的陳荊和。雖然台灣學術界對陳荊和多所忽略，但其研究在只重視中國史研究的台灣史學界，應該有特別的地位。

當然，也有不少優秀台籍學者，不但早在日治時代已受重視，戰後仍持續發揮其影響力，如早稻田大學畢業、專研哲學思想的曾天從；著作曾被日本岩波書店出版的經濟學者張漢裕；畢業自東京帝大的戴炎輝，戰後出任司法院長，並以淡新檔案的整理對台灣史研究

輝面熱處理之研究

（呂璞石教授服務35年紀念論文集）

國立台灣大學工學院機械工程學系
輝面熱處理研究室

1980

呂璞石論文集。

貢獻極大；與他同期的蔡章麟，戰後也是台灣法律界的重要人物，兩人都於台大任教。

台灣醫學界的台籍菁英，成就亦相當不凡，例如研究藥理學、甚早即開始漢西醫學合一研究的杜聰明；以蛇毒研究獲得國際肯定的李鎮源；專研解剖學科的余錦泉、蔡滋浬等。後來以畫家身分著稱的呂璞石，則是戰前台灣少數的工科專才，研究應用力學、熱處理等。

學術研究，最重要的前提乃是包容的心態。今日台灣對本土意識的重視，雖然具有正面意義，但不能被狹窄的觀念侷限，變成「台灣沙文主義」。學術本身是無境界的，只要能認同台灣，以寬容的心態互相對待，台灣的成就，當不只是經濟而已。

著書立教、善導思想

莊永明

漢人移墾社會，蓽路藍縷的年代，追求溫飽是為首務，圖生存已難，豈敢奢求生活品質，能「讀冊識字」的，自是少數人。四百年來，「文人」輩出是晚近之事，而堪稱「學人」者，則是鳳毛麟角。

著學立教的台灣學術人物，因原籍、身世不同和受教有別，專研殊異，因而在不同領域各領風騷，從他們身處的時空背景，去探其風采與成就，為本冊《學術台灣人》之本意。

《台灣通史》作者連橫有「台灣三大詩人」之譽，他在台灣肇興非武裝抗日運動起步之期，付梓《台灣通史》，雖則此書謬誤不少，但自有歷史意義在，而更重要的是連氏「行有餘力」還考解台

胡適（右）與吳大猷合影。

語、釋義台諺、采風擷俗，為創導「台灣學」的先驅者。

「中國新文化運動」的風雲人物胡適和傅斯年，二人晚年流寓台灣，胡適擔任台灣最高學術機構中央研究院院長，傅斯年出掌台灣最高學府台灣大學校長，二人秉持「自由人」風範行事，做政府的「諍友」，是一黨專政年代少數有風骨的學人。

1983年擔任中央研究院院長，在職長達10年的吳大猷有「中國物理學之父」之稱，他原本就是國際知名物理學家，也是華裔諾貝爾得主楊振寧、李政道的「科學教父」。這位「科學人」對台灣科學發展，言所必言。

胡、傅、吳三人是中央研究院未遷

20位學術台灣人的主要活動區域

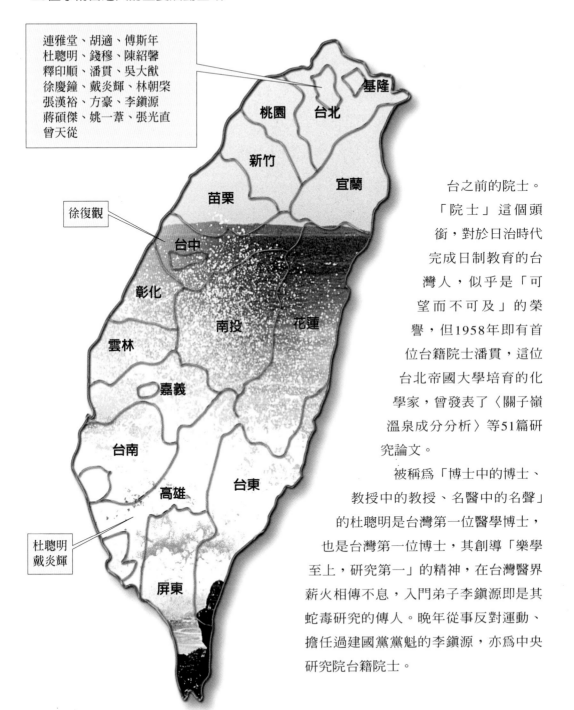

連雅堂、胡適、傅斯年
杜聰明、錢穆、陳紹馨
釋印順、潘貫、吳大猷
徐慶鐘、戴炎輝、林朝棨
張漢裕、方豪、李鎮源
蔣碩傑、姚一葦、張光直
曾天從

徐復觀

杜聰明
戴炎輝

桃園　台北　基隆
新竹
苗栗　宜蘭
台中
彰化
雲林　南投　花蓮
嘉義
台南
高雄　台東
屏東

台之前的院士。「院士」這個頭銜，對於日治時代完成日制教育的台灣人，似乎是「可望而不可及」的榮譽，但1958年即有首位台籍院士潘貫，這位台北帝國大學培育的化學家，曾發表了〈關子嶺溫泉成分分析〉等51篇研究論文。

被稱為「博士中的博士、教授中的教授、名醫中的名聲」的杜聰明是台灣第一位醫學博士，也是台灣第一位博士，其創導「樂學至上，研究第一」的精神，在台灣醫界薪火相傳不息，入門弟子李鎮源即是其蛇毒研究的傳人。晚年從事反對運動、擔任過建國黨黨魁的李鎮源，亦為中央研究院台籍院士。

李鎮源是台北帝大醫學部第1屆畢業生，另外，台大帝大又培育了「台灣第一位農業博士」徐慶鐘、「台灣第一位地質學家」林朝棨；徐慶鐘不僅是研究栽種的農業專家，其爲台灣農業擬訂的發展計畫亦著力甚多。林朝棨治學的「野豬精神」對學界及民間啓迪匪淺，誠如台大地質系教授魏國彥所說：「在五〇年代到七〇年代之間，林先生大約是帶給台灣知識界及民眾最多自然史和演化觀念的一個人。」

「台灣第一位社會學者」陳紹馨、「法制史大師」戴炎輝和「經濟學泰斗」張漢裕，都是日治時代台籍留日學生，師承東瀛，3人戰後都在台灣大學任教。陳紹馨研究台灣人口、戴炎輝整理「淡

台北帝國大學化學系1933年畢業師生合影，帝大是日治時期培養台籍菁英的地方。

新檔案」、張漢裕講授「台灣經濟史」，這些都是他們在學界被公認爲成就卓越的部分。

另位台大教授曾天從也是留日生，這位專研哲學思想的學者，沉著於形而上學，是當代學界的「異數」。

戰後畢業於台灣大學，後進美國哈佛大學深造的張光直在考古學及人類學的成就，享譽中外，且先後出任美國耶魯大學、哈佛大學人類學系主任，教職退休後返台擔任中央研究院副院長。張光直在中研院成立的台灣史田野調查研究室，被視爲替今日的「台灣史研究所」奠基。

來自中國的神父學者方豪，自認「熱愛本省文化，不讓本省同胞」，他隨

國府遷台後即熱衷台灣史研究，還妙喻愛台灣史如疼「小妾」甚於「正妻」東西交通史、「妾」宋史。

「和尚博士」印順法師和「神父院士」方豪同為浙江人，他於1952年抵台。釋印順提倡「人間佛教」，其弟子證嚴法師成立的「慈濟功德會」即實踐此入世服務的慈悲、關懷精神。

台灣由「開發中國家」轉型成「開發國家」時期，財經政策的有效配套實施，十分重要，當代經濟學者籌議方案對經濟成長助益不少，蔣碩傑是政府財經智囊團重要成員。

中國傳統文化的研究，在台灣長時期是發光的一門「顯學」，在西化、赤禍下被視為國基民本的「道統」，曾在香港創辦新亞學院的錢穆和發行《民主評論》雜誌的徐復觀，兩人一是國學大師，一是宏揚中國國粹的新儒學大師。

中國大陸未淪共前即來台的姚一葦，學的是機電工程系，「吃」的是銀行飯，但他催生了台灣首屆實驗劇展，創辦了台灣第1個戲劇系；「戲子」也會是大專生，這是以前難以想像的。

「台灣從前之思想，渾渾噩噩之思想耳；得過且過之思想耳！國家之治亂、民族之存亡、社會之盛衰、文化之興替，漠然無動於心。」此為1928年連橫對當代台灣人「精神文明」的批判。從本書20位台灣學術人的成就與貢獻，我們再來檢驗今日台灣思想現況，是否愧對他們的勉力和建樹？

印順法師（右）與弟子證嚴法師合影。

嘿嘿，叫我打工皇帝吧！

Q 除了寫下《台灣通史》這本書，連橫還曾經在大稻埕開過哪家店 **?**

1

台灣茶室

2

雅堂書局

3

波麗露餐廳

4

連氏水菸館

2 A 雅堂書局

日治時期的大稻埕太平町，是進入台北城北門的「通道」，
也是當時台北最熱鬧的商業街。位於今日延平北路上的太平町，
有著許多「特殊行業」，像是婚紗店、書店及金飾店等等。
《台灣通史》的作者連橫，1927年就和朋友黃潘萬在這邊開了一間「雅堂書店」，
雅堂，正是連橫的號。文人開書店，生意並不是太好。
日本人前島信次甚至曾經對門可羅雀的雅堂書局做了一番生動的描述：
「書和人都像埋在塵土裡，台灣通史的作者貧困衰老，近視到離書一、二寸才能看得到字。
店前寂寞，無一顧客。」

以史學成家的詩人──
連橫
1878~1936

連橫一生以詩文、台語研究、歷史家身分名世，其中尤以《台灣通史》最受後人矚目。連橫初名允斌，譜名重送，字武公，號雅堂，又號劍花。1878年2月17日生於台南府寧南坊馬兵營（今台南地方法院

「台灣無史，豈非台人之痛歟？」懷抱這種信念，連橫寫下了60萬字的《台灣通史》。

一帶）。13歲那年，父親告訴他：「汝為台灣人，不可不知台灣事。」如此理念深植心底，加上他日後曾赴中國北京，接受主持清史館的趙爾巽延聘為名譽協修，得有機緣參閱有關台灣建省的檔案，奠下撰寫《台灣通史》的根基。

年輕時的連橫。

1895年台灣割日時，連橫已17歲，是飽讀詩書的書生。當時絕大多數儒紳抱著棄民之痛，有的乾脆到中國，有的隱退不出，連橫大抵如是。往後他沈浸在詩社活動中，先後參與浪吟詩社、劍南社、櫟社等舊詩社。前台灣省文獻會主委林熊祥曾譽之為日治三大詩人之一，但連橫並未以詩終其生。他寫成《台灣通史》後，又整理台語，而有《台灣語典》等著作。「以儒家立身，以史學成家，以文學名世」（毛一波先生語）的讚譽加諸連氏身上，確是公允之論。

不過，對出身受舊儒家教育的連橫而言，中華故情使他無法像日治以後出生或受日治教育的台灣菁英那樣，經由「殖民式的現代化」理解日本統治者及新台灣的變局；同時由於其舊士紳的身分，使他與1920年後的台灣人反抗運動極為疏離──

連橫（右）與友人合影。

他僅在台灣文化協會所舉辦的講習會或通俗學術講座上，擔任幾場講師而已。1930年他在《台灣日日新報》漢文版發表〈台灣阿片特許問題〉一文，替殖民政府的鴉片政策辯護，此舉引來台灣民眾黨人士的激烈抗議，櫟社也將他除名。3年後他攜子連震東前往上海，從此不再返台，可說和此一事件有密切相關。連橫於1936年6月28日病逝上海，得年58歲。

《台灣通史》分為上、中、下冊，於1920～1921年問世，當時各界反應並不熱烈，批評聲音更是不小。二次大戰後則因為政治力的鼓吹宣傳，使得《台灣通史》躍居上位，版本竟有十餘種之多；但反諷的是，由於統治者漠視台灣史研究，致使該書空享盛名。待80年代後期，台灣史研究勃興，《台灣通史》的諸多缺失也暴露出來，因此很快就從神壇中被請下來。但做為台灣人最早的一部台灣史著作，《台灣通史》自有其不容抹滅的歷史與時代意義。

發行人：王阿舍　發行所：遠流舊聞社

舊聞提要

1. 作家林文月重修之連雅堂傳，日前以《青山青史》為名出版。
2. 經建會於13日建議設立境外轉運中心。

林文月重修傳記

▲ 連橫肖像。

3. 台灣樸素藝術節於24日，假台北縣文化中心揭幕。

4. 陳水扁、吳敦義於28日宣誓就職台北市、高雄市長。

讀報天氣：陰有雨

被遺忘指數：●●●

追想外祖父──台灣通史作者連雅堂

【本報訊】知名作家林文月，甫將其於1977年完稿的《連雅堂傳》重新修訂完成。她以充滿感情的文字描述其外祖父連雅堂一生的事蹟。連雅堂，正是《台灣通史》的作者。

1921年4月28日，連橫所撰的《台灣通史》下冊正式發行。這部由台灣人自己撰寫，歷時長達26個年頭，仿照司馬遷《史記》體例，強調漢人意識的歷史巨著終於堂皇問世。

台灣通史記載的年代，起自605（隋大業元）年，迄1895（清光緒21）年，全書分為36卷、88篇，格式「略仿龍門之法，曰

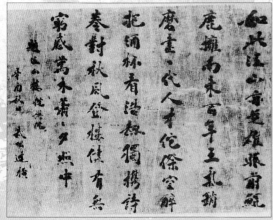

▲連橫的書法。

▲明石元二郎為《台灣通史》所題的「溫故知新」。

▲田健治郎所題之「名山絕業」。

紀、曰志、曰傳，表則入於諸志之中」。書成之後，前後任的台灣總督明石元二郎、田健治郎分別題辭「溫故知新」、「名山絕業」祝賀，民政長官下村宏、日本學者尾崎秀真、西崎順太郎等也撰序贊助。其後《台灣通史》在中國大陸發行，包括章炳麟、張繼等名士也都提筆作序，但彼等著眼的是該書蘊含的大漢民族精神。於是兩岸有志一同，作者連橫備受禮遇。

不過，《台灣通史》在台灣問世後，雖有總督鼓舞作前鋒，但銷路反應並不熱絡，甚至有漢籍學者黃玉齋撰文嚴批該書的價值；反而是到了二次大戰後，由於它所標舉的中華民族意識和國民黨政府所提倡的意識形態暗合，《台灣通史》逐被歌詠為「史學經典」。即使在共產黨統治下的中國，也把《台灣通史》列為探索台灣史的入門書。

連雅堂在撰寫《台灣通史》時，除了參閱正史、方志、宮中檔案之外，又搜羅私家的記載和傳聞，做了不少田野調查，再加上

抱有遺民心情，所以較先前的《台灣府志》、《台灣志略》、《東征集》、《平台紀略》等方志或官員寫成的書好上許多，也和日人竹越與三郎站在統治者立場所寫的《台灣統治志》大異其趣。然而，連雅堂畢竟欠缺現代學術的訓練，光憑著民族大義和熱情，仍嫌不夠深刻。

相較起來，伊能嘉矩的《台灣文化志》（1928年出版）要比《台灣通史》來得博蒐史料。即使是美國記者James W. Davidson的《台灣之過去與現在》（The Island of Formosa past and present，1903），也較具史料參考價值。當然，伊能嘉矩、Davidson再怎麼公允、客觀，終究還是外人立場。

《台灣通史》一度被過度稱頌，固然有其政治性因素，但它那以華夏為本位的史觀才是重點。不錯！純然的大中國意識容易過度僵化、偏狹，以致難以詮解台灣史的複雜性，但今日史家但知窮研秋毫微末，結果不識森林巨木，終究更遜於連雅堂的用心了。

▲ 蔣介石頒發給連橫的褒揚令。

▲ 伊能嘉矩的《台灣文化志》。

▲ 於書房中留影的伊能嘉矩。

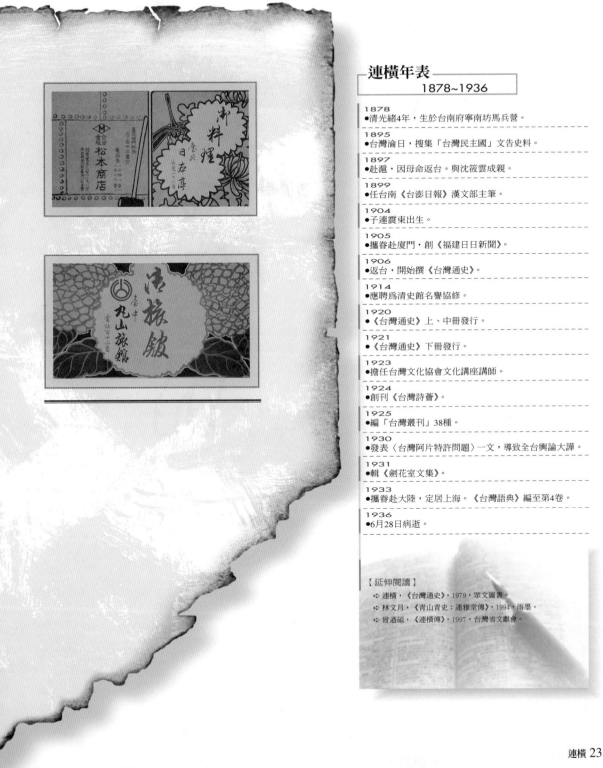

連橫年表
1878~1936

1878
●清光緒4年，生於台南府寧南坊馬兵營。

1895
●台灣淪日，搜集「台灣民主國」文告史料。

1897
●赴滬，因母命返台。與沈筱雲成親。

1899
●任台南《台澎日報》漢文部主筆。

1904
●子連震東出生。

1905
●攜眷赴廈門，創《福建日日新聞》。

1906
●返台，開始撰《台灣通史》。

1914
●應聘為清史館名譽協修。

1920
●《台灣通史》上、中冊發行。

1921
●《台灣通史》下冊發行。

1923
●擔任台灣文化協會文化講座講師。

1924
●創刊《台灣詩薈》。

1925
●編「台灣叢刊」38種。

1930
●發表〈台灣阿片特許問題〉一文，導致全台輿論大譁。

1931
●輯《劍花室文集》。

1933
●攜眷赴大陸，定居上海。《台灣語典》編至第4卷。

1936
●6月28日病逝。

【延伸閱讀】
⇨ 連橫，《台灣通史》，1979，眾文圖書。
⇨ 林文月，《青山青史：連雅堂傳》，1994，雨墨。
⇨ 曾迺碩，《連橫傳》，1997，台灣省文獻會。

不驚田水冷霜霜，
作田打拚有希望。

Q 原本唸農科的胡適，為什麼後來會轉行改讀文史 **？**

1 他怎麼學，
都學不會種稻子

2 為了馴服牛馬，
常常跌斷腿

3 他對泥土過敏，
一下田就起疹子

4 他學不來蘋果分類，
心裡很挫折

4 ^A 他學不來蘋果分類，心裡很挫折

胡適於美國留影。

考上公費留學的胡適，原本是進美國康乃爾大學的農學院，學的是植物學、化學、氣象學等科目。他非常用功，第1年成績很好，但到了第2年就讀不下去了。原來這一學年，胡適修了「種果學」，其中有一堂實習課是「蘋果分類」，必須將40種蘋果作分類。其他美國同學多來自農家，對這些蘋果相當熟悉，因此輕而易舉就分類完畢，而胡適既非農家子弟，加上以前在中國根本連蘋果都沒看過，因此他花了2個小時，才依照手冊挑出了20種類，很不幸的還多半分類錯誤。這件事讓胡適想了又想：花了2個小時，到底學到了什麼？中國連蘋果的種子也沒有，學這個有什麼用？最後他就決定轉到文學院就讀，日後成為中國學術史上的重要人物。

新文化的導師──
胡適
1891~1962

五四新文學健將，20世紀中國最耀眼的文化學術明星胡適，原名嗣穈、洪騂，留美時再改

1917年起，胡適擔任北大教授，開了「中國哲學史」的課，此為他在北大任教時身影。

為適，字適之，原籍安徽省績溪縣，1891年12月17日生於上海。胡適一生的主要舞台雖然是在中國大陸以及美洲大陸，但他和台灣的關係算得上是「有始有終」啊！

胡適出生次年，其父胡傳（字鐵花）奉調前往台灣，1893年6月調署台東直隸州知州（相當於今日的縣長），兼領台東後山軍務。該年胡適先是隨著母親及兩位兄長由上海抵達台南，翌年元月再移住台東。胡適即於此時在父母的教導下習字，所以日人前島信次就說：「在中國捲起一大波瀾的胡適氏的學問，其實是在台南台東兩地，以天真的小手握住筆管，慢慢地練習數百字奠定了基礎的。」

於書桌前展卷閱讀的胡適。

1895年時，台灣由於中日戰事緊張，胡傳特將妻兒送往台南，搭船返回中國，胡適兒時的台灣經驗就此中斷。而暫留台灣的胡傳，當時已感染嚴重的腳氣病，返回廈門不久即病逝。由於胡傳曾當過台東知州，今日台東人特將火車站前的一條馬路命名為鐵花路。胡適晚年自稱是「半個台灣人」，實乃事出有因。

胡適晚年和台灣結緣，主要是沿著兩條線索：一是《自由中國》雜誌，另一則是中央研究院。

自中國大陸淪共後，來到台灣的一批自由派人士有感於中國是因言論不暢、貪瀆盛行才導致共黨勢力崛起，所以興起言論報國的壯志，遂在雷震的帶領下創辦了《自由中國》半月刊，胡適列名發行人。不過讀書人的「妄行」可惹惱了國民黨，為

位於中研院內的胡適故居。

此進行一連串的高壓策略，使得胡適被迫辭去發行人頭銜。爾後關於曾任省主

若要認識胡適一生功績，可至中研院內的胡適紀念館參觀。

席的吳國楨在美言論、反攻大陸的問題、容忍與自由的爭議等等，胡適和以「五四後期人物」自詡的殷海光也有明顯的歧異存在。但真正讓胡適陷於維谷的，則是雷震因積極籌組「中國民主黨」，竟於1960年遭到構陷逮捕，判了10年重刑。當時胡適被各方寄予厚望，盼他能以中央研究院院長身分營救雷震；但胡適表現消極，使其一生秉持的自由主義風範留下極大的缺憾。

其實，自中國赤化開始，避居美國當寓公的胡適早已喪失昔日丰采。在中國，共產黨發動排山倒海的胡適思想批判運動；台灣方面，一方面積極籠絡胡適，蔣介石於1957年任命他為中央研究院院長，另一方面，又放任情治單位出版《胡適與國運》一書醜詆胡適。再則，為著營救雷震不力，自由派對他也不諒解。在眾多因素影響下，1962年2月24日，胡適主持中研院第5屆院士會議後突然倒地身亡，享年71歲，葬於南港舊庄。

台灣

發行人：王阿舍　發行所：遠流舊聞社

舊聞提要
1.中央研究院化學研究所於13日宣佈製造科學腐乳初步成功。
2.「笠詩社」於16日成立。

▲《胡適評傳》內頁。

李 敖著　文星叢刊50 ①

胡適評傳

▲ 文星出版的《胡適評傳》，可謂是李敖的首部傳記作品。

歷史報

3. 世界衛生組織於20日宣佈,我國為瘧疾滅絕區。

4. 李敖著《胡適評傳》,甫於日前由文星出版社出版。

讀報天氣:陰有雨
被遺忘指數:●●●

▲ 徐復觀在《民主評論》雜誌發表的〈中國人的恥辱,東方人的恥辱〉一文,率先引起論戰。

李敖筆下的另類胡適
再掀中西文化論戰高潮

【本報訊】作家李敖近日出版了《胡適評傳》一書（文星出版）,由於傳主的傳奇性,以及作者的爭議性,所以吸引不少讀者爭相購閱。儘管胡適溘然長逝已滿兩年,然而他晚年點燃的「中西文化論戰」烽火,再藉由李敖此書的問世,火苗有愈燒愈旺的趨勢。

1961年11月6日,時任中研院院長的胡適,出席在台北舉行的「亞東區科學教育會議」開幕式,並作了題為〈科學發展所需要的社會改革〉（Social Changes Necessary for Growth of Science）的25分鐘英文演講,批評中國固有文化的虛矯僵化。向來高舉科學與民主大旗的胡適,於此不過是舊

▲ 1962年1月,李敖在《文星》雜誌第52期,發表〈給談中西文化的人看看病〉這篇文章,火辣地抨擊保守衛道分子,引起雙方激烈的爭論。

調重彈,然而在台灣還是引起一場不小的中西文化思想論戰。

首先是以新儒家自居的徐復觀,在其主持的《民主評論》雜誌上發表〈中國人的恥辱,東方人的恥辱〉一文,正式揭開台灣版的「批胡」大戰。繼徐復觀之後,胡秋原、葉青（任卓宣）、鄭學稼等人也站到「批胡」陣營,當時站到護衛胡適陣營者明顯居下風,然而擁胡之中旗幟鮮明、火力最旺者,就是李敖。也由於李敖的言辭挑釁,使得烽火蔓燒數月不熄,保守／西化、正統／異端的對壘,在60年代的台灣首次成形。

其實關於那場演講,胡適自知是在作一個「魔鬼的辯護士」,說「怪不中

聽的話給諸位去盡力駁倒、推翻」，不過他對於引起新的中西文化論戰卻是始料未及。因為胡適身體狀況不佳，講演內容也沒增添多少新義，所以若要說他是主動點燃戰火，武器可不新穎犀利。另一陣營的迎戰者，要不就抬出傳統槍砲，要不就拼湊出奇形怪狀的「超越前進論」（胡秋原者），這些人彼此的立場可能相異，但就拿胡適當前靶而言，共識可是非常強烈，只是他們所憑藉者以情緒居多，對於事理的辯論反倒沒什麼明顯宗旨。

這場中西文化論戰，無論就規模、用心、純度來說，都遠不如20年代初在中國的中西文化論戰。原因除上所述外，更大的關鍵在於政治力的介入。由於國民黨蔣家政權敗退來台，東渡人士除了新亭對泣，悲憤之餘不免要找替罪羔羊宣洩。首要目標當然是「萬惡共匪」，再其次就是唱衰國民黨的自由派民主人士，而胡適便是後者的代表。所以這回的中西文化論戰，不但其器小哉，不少人更充當了主政者的鷹犬。這場論戰除了捧紅一個李敖外，內容實在沒啥可觀處。

胡適一生論戰無數，白話文運動之辯、古史辯、科玄人生觀論爭，他都是主導全局的鋒頭人物。他對於開啓紅學論辯也居功甚偉，他和禪學大師鈴木大拙的論辯迄今仍是餘波蕩漾。不論胡適對錯，「但開風氣不為師」正是胡適在中國啓蒙運動中最主要的角色扮演。而後到了晚年，再度因主張西化而

▲ 1962年2月24日，胡適（右1）於中研院第5屆院士會議前留影，立者為吳大猷。

▲ 主持中研院第5屆院士會議的胡適，之後他旋即昏厥而猝死。

成為論戰前靶，身體既差，又值雷震案未久，身心飽受折磨，這也是導致他1962年2月24日昏厥猝死於中研院院士會議之主因。

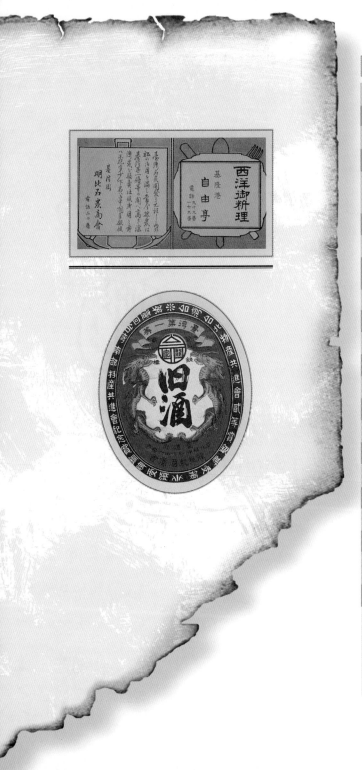

胡適年表
1891~1962

1891
●12月17日生於上海大東門外。

1893
●隨母親到台灣，先住台南，後移台東。

1895
●隨母親返回安徽績溪上莊老家。父親胡傳病逝廈門。

1906
●考入中國公學就讀。

1910
●考取清華庚子賠款留學美國官費生，因用「胡適」的名字報考，此後就正式叫作胡適。
●進康乃爾大學農學院。

1912
●改讀康乃爾文學院，研讀文學、哲學。

1915
●入哥倫比亞大學研究院，師事杜威。

1917
●在《新青年》發表〈文學改良芻議〉。6月離美返國，任北京大學教授。年底與江冬秀完婚。

1928
●出任中國公學校長，兼文學院院長。

1931
●出任北京大學文學院院長。

1932
●創辦《獨立評論》。

1938
●被任命為國民參政員。9月被任命為駐美大使。

1942
●免去大使職務，移居紐約。

1945
●出席舊金山聯合國制憲會議。9月被任命為北大校長。

1948
●搭乘國府專機離開北平，轉赴上海。

1949
●赴美從事國民外交。

1952
●年底到台灣短暫講學。

1957
●被任命為中央研究院院長。

1960
●《自由中國》負責人雷震被捕，胡適營救未果。

1961
●因演講再度引發中西文化論戰。

1962
●2月24日主持中研院第5屆院士會議，突昏厥猝死，葬於南港舊庄。

【延伸閱讀】
⇨ 唐德剛譯註，《胡適口述自傳》，1981，傳記文學。
⇨ 胡適，《胡適作品集》（1～37冊），1986，遠流。
⇨ 張忠棟，《自由主義人物》，1998，允晨。
⇨ 沈衛威，《學思與學潮：胡適傳》，2000，立緒。
⇨ 賴佳慧，〈自由中國的民主之聲——雷震〉，《在野台灣人》，2001，遠流。

明明是巧巧人，
那ㄟ讀沒冊？

Q 台灣第一位博士杜聰明，投考總督府醫學校時是榜首，
但為什麼差一點入不了學呢 **？**

1 阿母講學費
太貴付不起

2 考上太多間不知
怎麼選

3 太瘦小了
被人嫌棄

4 太胖了擠不進校門

3 ^A太瘦小了
被人嫌棄

杜聰明在1909年時以榜首成績考取總督府醫學校。
筆試順利，體格檢查結果卻是非常差的「丙下」。
其實杜聰明並非體弱多病，只是身材比較瘦小，
但校方卻因此認為他的身體狀況恐怕無法負荷繁重的課業，想拒絕他入學。
幸好當時代理校長長野純藏認為，如果是因此而無法入學頗為可惜，
主張讓他入學試試看，才挽回他求學的機會。
進入醫學校之後，杜聰明努力鍛鍊身體，每天作徒手體操、練單槓、棍棒體操及洗冷水澡，
數十年如一日，直到80幾歲才停止。

台灣首位醫學博士——
杜聰明
1893~1986

擔任「台灣總督府醫學專門學校」副教授時期的杜聰明。

杜聰明（右）與蔡培火（左）合影。

　　台北縣的淡水鎮不僅風景秀麗，更出了不少名人，包括音樂家江文也、創設愛愛寮濟助乞丐的施乾，以及台灣第一位博士杜聰明。出生於1893年的杜聰明，人如其名，在就讀滬尾公學校時，便受到校長小竹德吉的賞識與栽培。後來果然以第1名成績畢業、以榜首成績考上「台灣總督府醫學校」。

　　1915年杜聰明從醫學校畢業後，原可任職於高薪的赤十字醫院，但他獨鍾醫學研究，故而選擇進入總督府研究所當雇員，潛心研究細菌學，1年後更自費前往京都帝國大學醫學部。他最初是研習內科，其後轉入藥物學教室，跟隨日本著名的藥理學者森島庫太研究，就此進入藥理研究領域。

　　1920年，當杜聰明可能獲得博士學位的消息傳回台灣，醫學校的校長堀內次雄認為這是校方的榮譽，便聘他擔任該校講師。翌年10月杜聰明受任為總督府醫學專門學校助教授兼中央研究所技師，敘高等官七等，是台灣人被任命為「高等官」的第3人（之前為林茂生、蔡伯毅）。

　　杜聰明在研究題材上很有遠見，不但自己以鴉片、漢藥、蛇毒等本土醫療問題作為研究主題，還規定跟隨他的研究生從這3項中選擇其一作研究，因而為台灣本土醫學發展奠定了重要基礎。

　　1928年起，他先著手鴉片研究，以解決台人長期以來吸食鴉片的惡習；兩年後他擔任鴉片矯治機構「總督府更生院」的醫長，17年內矯治了11,498名煙癮患者。

1937年7月，40餘歲的杜聰明升為高等官二等時留影。

他發明了微量嗎啡（Morphine）成分定性、定量檢查法，只要檢查癮者尿液即可知其是否有偷吸食鴉片。這個方法後來被各國普遍採用，並沿用至今。

1953年，杜聰明投入高雄醫學院的創立，往後，他在此任教長達12年。

1937年台北帝大藥理學教室成立後，杜聰明從事蛇毒藥物及毒物學的研究，研究出血毒與神經毒。此外，他也致力於漢醫研究，提倡漢醫和西醫學一元化，認為應該以科學方法研究中國傳統醫學。他曾建議台北帝大成立漢醫部，但未被接受，直到戰後高雄醫學院創立才開設了中醫藥學學系。

戰後，杜聰明受聘擔任台灣大學醫學院院長，1946年當選國民參政會第4屆參政員。1950年時，由於他堅持台大醫學院的「學術獨立」，使國防醫學院與台大醫學院合併經營方案未通過，但也因此得罪不少人。3年後他便從台大醫學院退休，不久即籌辦私立高雄醫學院。他把在台大醫學院倡導的「樂學至上，研究第一」理念，移植到新學校，並設「山地醫師醫學專修科」，培養出60多位原住民青年返鄉服務。

杜聰明畢生從事醫學教育與研究，指導出40多位醫學博士，可謂台灣醫學界一代宗師。1986年，這位被稱為「教授中的教授，名醫中的名醫，學者中的學者」以93歲高齡過世。他在鴉片、蛇毒和漢藥方面的研究與貢獻，則永留台灣醫學史上。

發行人：王阿舍　發行所：遠流舊聞社

舊聞提要

1. 淡海新市鎮計畫於11日起開發動工。
2. 由台灣醫界聯盟籌設的《醫望》雜誌，於本月

醫望雜誌創刊

▲《醫望》雜誌創刊記者會。

【本報訊】成立至今2年的「台灣醫界聯盟」，自4月起開始發行《醫望》雜誌，首期內容包括探討全民健保、錯誤的反毒政策是否是愛滋病的溫床、蔣渭水是社會運動家還是醫師等等，和一般以醫藥保健或醫療技術為主題的刊物不同，而是醫界人士表達對政治及社會關懷的場域。

醫生是否應該只專注於醫療領域？這是

歷史報

1994年4月19日　穿越時空　獨漏舊聞

創刊。

3.立法院於15日通過公債上限為113%。

4.以女性主義書刊為主的「女書店」於17日
　開幕。

讀報天氣：陰有雨

被遺忘指數：●

本土醫師參政與社會運動的新場域

▲ 1992年3月1日，「台灣醫界聯盟」於中泰賓館成立，有5百名醫界人士參加，象徵台灣醫界走出保守的時代。

▲ 台灣醫界聯盟於1994年5月29日參加「全國反核大遊行」。

見仁見智的問題。但早在日治時期，台灣首位博士杜聰明醫師，即已跨出純醫療領域，投身於公共衛生與政治運動，最直接的例子就是他於1930年1月出任「總督府更生院」醫長。

「更生院」是為了醫治台人鴉片煙癮而設立的，設立原因包括來自國際社會壓力，以及1929年底台灣民眾黨所發起的「反鴉片

新特許運動」等等。當此運動推行時，全台各地有不少醫師加入反制鴉片行列，其中杜聰明更早在1928年4月起便投入鴉片研究了。

醫師參與政治與社會運動的現象，和台灣的殖民地經驗有關，而且早在1910年代已見端倪。當時，總督府醫學校是全台最高學府之一，不少優異的台灣青年聚集於此。他

▲ 1913年，就讀總督府醫學校時的蔣渭水（後排右1）、杜聰明（前排右2）、翁俊明（前排右3）與朋友合影。

▲ 台灣民眾黨1927年，1月4日召開第一次討論會時留影。

們因身處殖民地環境，表現強烈的民族意識。當時就讀醫學校的杜聰明、翁俊明、蘇樵山、蔣渭水等人就常秘密集會，討論中國革命的進展，對於國民革命成功也極為振奮。

到了1920年代，恰逢自由、民主與民族自決思潮盛行。身為台人菁英的醫師們，在時代思潮的衝擊下開始投入反殖的政治運動。1921年10月蔣渭水及醫學校學生發起成立「台灣文化協會」，以啓迪民智、提昇台灣文化為目標，隨後並舉辦一系列講習會、文化演講及讀報社等。1927年7月當台灣第一個政黨「台灣民眾黨」成立時，醫師們更擔任各支部主要幹部。因此，後來台灣民眾黨之所以發起「反鴉片新特許運動」，也就不難想像了。

在整個日治中後期，醫師積極參與政治與文化運動，但到了戰後，醫界菁英卻因為1947年的二二八事件，遭受嚴重的整肅，而逐漸從社會領導者的角色淡出。一直到1980年代

▲ 日治時期躺在鴉片床上的吸食者。吸鴉片成癮會對人的身體、財產，都造成損失與傷害。由杜聰明主持戒除毒癮的更生院，效果極佳。

才又有少數醫師再度參與政治與社會運動，例如陳永興醫師發起「二二八公義和平運動」。1990年代，當國內社會運動與民主化運動如火如荼展開時，中研院院士李鎮源醫師也積極投入這些活動，參與連署廢除刑法第一百條、「反閱兵行動」、成立「建國黨」，並擔任黨主席等。此次出版《醫望》的「醫界聯盟」，也是由他所發起籌組的。

從《醫望》雜誌首期內容，不難看出「醫界聯盟」對社會與政治的關懷方向。這個成立於1992年、具有濃厚本土意識的醫師團體，將為醫師在台灣社會的角色走出何種路子，值得觀察。

▲《台灣新民報》上的鴉片問題討論。

杜聰明年表

1893~1986

1893
●8月25日出生在滬尾（淡水）。

1909
●以第1名考進「台灣總督府醫學校」。

1914
●進入台灣總督府研究所任職雇員。翌年決定赴日本進修，進入京都帝國大學醫學部研究科。

1916
●領中華革命黨填發的禽字第57號（第44057號）黨員證。

1920
●被醫學校聘為講師，並獲准在外研究繼續寫博士論文。

1921
●10月，受任為「台灣總督府醫學專門學校」副教授兼台灣總督府中央研究所技師。
●11月初提出博士學位論文。

1922
●11月20日京都帝國大學醫學部教授會通過論文審查，同年12月16日正式授與博士論文學位，並升任醫學校教授。

1925
●12月赴歐美考察、研究。

1928
●4月返台，著手鴉片吸食研究。

1929
●3月選定「愛愛寮」實驗鴉片治療；8月提出「設置鴉片癮者治療醫院建議書」。

1930
●1月15日台灣總督府成立「總督府更生院」，受委託擔任「醫長」。

1933
●造就其第1位博士學生邱賢添。

1945
●負責接收台北帝國大學醫學院。

1947
●二二八事件之後，擔任台灣省政府委員。

1953
●從台大醫學院退休，創辦私立高雄醫學院。

1958
●在高雄醫學院特設「山地醫師醫學專修科」。

1986
●2月25日以93歲高齡過世。

【延伸閱讀】
➪ 戴寶村，〈台灣第一位博士—杜聰明〉，《台灣近代名人誌（一）》，1987，自立。
➪ 莊永明，〈首位博士‧杏林名醫〉，《晶國顯影（二）》，1995，台美文化交流基金會。

有問題就沒問題，
讓我們一起范特西。

1 李白是外星人嗎？

2 中國會不會滅亡？

3 德先生和賽先生選哪個好？

4 我是不是孔子最愛的人？

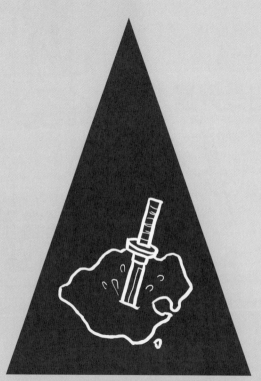

2 ^A 中國會不會滅亡？

錢穆曾多次提到，梁啓超的〈中國前途之希望與國民責任〉這篇文章對他年少心靈激起了巨大震撼。文章中藉由「明水」這個人提出種種中國隨時可能滅亡的論證，而另一個「滄江」則逐條反駁說中國根本不可能滅亡，兩人一問一答間層層轉進，最後還說到了中外歷史、中國的國民性，直到「明水」被「滄江」說服才結束。梁啓超這篇文章在當時激發了眾多青少年對國家民族的情感，錢穆讀了之後，雖然並未走上「從政救國」的道路，但他日後鑽研國學研究，也是希望更深入尋找中國不會滅亡的根據。他的歷史研究，可說是受「中國會不會滅亡？」這一辯證思考所驅使。

博碩通儒的國學大師——
錢穆
1895~1990

錢穆肖像。

1950年代以後，台灣學子對中國史的認識，都直接或間接受錢穆《國史大綱》的影響。畢生研究中國學術的錢穆，可說是當代極少數能博貫古今和經史子集四部的學者。

錢穆，字賓四，出生在江蘇的書香世家，天賦聰悟，記憶力極佳。10歲時他進入蕩口鎮果育學校就讀。當時校內有一位體育教師錢伯圭認為，中國歷史是因為走了錯路，以致有治、亂交互循環的說法。這一看法對少年錢穆的衝擊很大，「如何面對西方文化的衝擊？」、「中國的傳統文化將何去何從？」等議題更成為他日後治學的重點。

後來，錢穆因故自中學輟學，並自18歲起，一面在小學、中學任教，一面自學苦讀，長達十餘年。在擔任中學國文老師時，他為了教學需要，開始從事研究及著述，並以《先秦諸子繫年》一書，受到當時的國學大儒顧頡剛賞識。顧頡剛認為他不僅對先秦諸子的學術淵源與生卒年代作了全盤的交代，同時還把戰國史的真相發掘出來，貢獻之大與涉及面之廣，為考證史上之僅見，於是就在1930年秋推薦他到燕京大學國文系任教。接著錢穆在《燕京學報》發表〈劉向歆父子年譜〉，震動北平學界。該文根據《漢書》中的史實，系統地駁斥了康有為認為《禮記》出自漢代劉歆所偽造的說法，使得晚清以來有關今古文經學的爭論宣告結束。

兩年後錢穆又發表〈周官著作時代考〉，說明《周禮》既不可能是周公致太平書，也不可能出於劉歆的偽造，使學界大體傾向於接受《周禮》完成於戰國晚期的論斷。這一貢獻成為北京大學聘他擔任歷史系副教授的淵源。

1933年秋錢穆在北大首開中國通史課，之後因戰亂而隨北大南遷，開始在大後方執教。這段時間內，他陸續出版了特別強調「夷夏之防」的《中國近三百年學術史》，及宏觀巨著《國史大綱》，且自《國史大綱》起開始觸及

散步中的錢穆。

錢穆紀念館中的錢穆塑像。

東西文化優劣得失與歷史比較的問題，引起學界熱烈討論。

1949年秋因中國大陸時局緊張，他避居香港，創辦「新亞書院」，並展開十餘年的辦學生涯，直到1965年6月才辭去校長之職。翌年他赴台定居。1967年7月當選中央研究院院士，並遷居士林外雙溪的「素書樓」。素書樓建地為政府撥用，錢穆自費興建地上物。晚年則於大學任教，從事宋明儒學研究。此外，他也在素書樓講授國學數十年，正式及私淑的學生不計其數。

1990年6月，因台北市議員質詢，指稱素書樓「占用市產」，錢穆深感受辱，決定另覓住所，但不到3個月即抑鬱病逝。錢穆生平著述之富及所涉方面之廣，近世罕見。中國傳統把書籍分為經、史、子、集四部分，錢穆能從以經入史、以子入史、以集入史，他從經學的角度切入史學研究，著有《兩漢經學今古文評議》；從子（人物）學的角度切入歷史，而有《先秦諸子繫年》；而以集學入史而有《中國近三百年學術史》、《朱子新學案》與《中國學術思想史論叢》。其編著作品有百餘種，論文超過千篇，在現代中國學術思想史上的貢獻重大。

台灣

發行人：王阿舍　發行所：遠流舊聞社

舊聞提要

1.「勞工請假規則」於21日正式施行。
2.台北市立美術館昨日主辦的「中國雕塑現代大展」揭幕。

中西史學史研討會論文集

國立中興大學歷史系主編

Proceeding of the Symposium on the History of Chinese and Western Historiography

Edited and issued by Department of History National Chung-Hsing University Taichung, Taiwan R.O.C.

▲ 首屆中西史學史研討會論文集，收錄會議論文與相關討論。

歷史報

1985年3月25日　穿越時空　獨漏舊聞

3.「中西史學史研討會」於昨日下午假台中中興大學舉行閉幕典禮。

4.行政院衛生署環境保護局今日邀集學者審查立霧溪發電計畫環境評估，為國內創舉。

讀報天氣：陰有雨
被遺忘指數：●●

熱烈討論史學研究之路　中西史學史盛會閉幕

【本報訊】為期兩天的首屆「中西史學史研討會」，昨日在中興大學舉行閉幕典禮。主辦單位表示，隨著國際間學術交流的日漸頻繁，國內學界加強中西史學史的研究溝通與交流，將會是必然的趨勢。

一般而言，所謂的「歷史」有兩種定義，一是指過去發生的事實本身；另一種是指人們對於過去事實的認知和記述。通常我們所獲得的歷史知識，都是透過第二種而來的。但第二種定義的「歷史」，常因史學家的立場、分析和詮釋不同，使得不同史家筆下的「歷史」有所不同。而探討這些差異，就是史學研究。在此次會議中引起熱烈討論的議題之一，就是台灣史學界的史學方法路線之爭。

台灣學者所採用的史學方法，大體上可區分為「經學式」（強調史學有褒貶、鑑往知來、經世致用的功能）、「科學式」和「理學式」。民國初期西方科學主義思潮傳入中國，激盪了企圖脫離傳統「為政治服務」的經學式史學、希望建立史學獨立性的史學家，因而出現了所謂「史料學派」。此派以史料的蒐

▲被稱為「理學派」研究者的錢穆。

▲曾任台大校長的傅斯年，也是史料學派的支持者。

▲著名的史料學派研究者姚從吾。

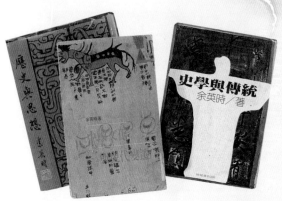

▲ 錢穆的學生余英時的相關著作。

▲ 位於台北臨溪路72號的錢穆紀念館，是認識錢穆以及歷史研究的好去處。

集、整理、考訂與辨偽為研究核心，希望以「科學化」的治史態度探求歷史的真相。而另有一派史家則急切希望「以歷史為現代中國定位」，他們相信藉由馬克思（Karl Marx）、恩格斯（Friedrich Engels）唯物史觀所建構出的歷史規則，可以為中國的未來找出方向。

而著名的國學大師錢穆則對這兩派的歷史詮釋都不接受，他希望能在兩者間保持平衡。因為，以馬克思主義切入的「史觀學派」與現實緊密結合，容易造成「史學為政治服務」的情況，以致不能遵守學術規範來處理史料；而「史料學派」一意追求學術規範的客觀獨立，以致失去史學對時代應發揮的作用。相較之下，錢穆強調歷史研究除了基本的考據能力外，也需透過道德自律以保證客觀性，知識與道德是融為一體的，此種治史態度，與宋明理學家有類似之處，被稱作「理學派」。

台大歷史系教授黃俊傑表示，戰後台灣史學界有關史學方法論的研究，大體可以劃分為兩個階段：第一個階段（1950~1970）裡，最具影響力的觀點仍是史料學派，他們延續民國初年以來重視史料的學風，代表者為傅斯年及姚從吾。同時期以傳統史學研究方法著稱者為錢穆。第二階段（1971年迄今），以實證主義為中心的社會科學從歐美傳入，對國內史學研究造成相當大的衝擊。

著名的史學家余英時也曾指出，眾多史學研究流派中，以「史料學派」和「史觀學派」對國內的影響最大。史料學是基礎，史觀則是上層建構，他們各自掌握到史學的某個層面，應該相輔相成。因此余英時提出「史無定法」的主張，強調史學研究必須綜合貫通，這個論點與其業師錢穆相近。

此次許多參與研討會的學者也認為，錢穆「以通馭專」的史學路子，在西方各種史學理論與方法紛紛引進之際，仍有一定的啟發性，他在台灣史學史上的重要性仍不可忽視。

Chien Mu's 100th Birthday Commemorative Issue F. D. C.

▲ 錢穆百年誕辰時的紀念郵票。

錢穆年表
1895~1990

1895
●7月30日，生於中國江蘇省無錫縣。

1904
●入盪口鎭果育學校（4年制），讀初等1年級。

1907
●冬，考入常州府中學堂（5年制）中班。

1910
●冬，於4年級考前，與劉半農等5位學生代表向校方要求更改課程，未果，憤而退學。

1911
●春，轉入南京私立鍾英中學就讀5年級。辛亥革命爆發後，因學校解散而輟學返家。

1912
●任教於無錫三兼小學校，開始小學教員的生涯。

1923
●擔任省立無錫第三師範學校國文教師。

1930
●秋，因顧頡剛推薦，到北平私立燕京大學國文系任講師。之後在《燕京學報》發表的〈劉向歆父子年譜〉一文，轟動當時的北平學界。

1931
●秋，轉任北京大學歷史系任副教授，講授中國上古史、秦漢史等，翌年講授中國政治制度史、中國近三百年學術史。

1933
●秋，在北大首開中國通史課。

1937
●七七事變後，隨北大南遷，開始在大後方執教。

1949
●秋，因大陸時局緊張南避香港，與謝幼偉、崔書琴等學者籌辦「亞洲文商夜學院」。翌年，得上海商人王岳峰資助，由夜校改爲日校，並更名爲「新亞書院」，並任院長。

1955
●3月，榮獲中華民國教育部頒發學術獎章，6月，香港大學授予名譽法學博士。

1960
●1月，應邀到美國耶魯大學東方研究系講學，6月30日授予名譽人文博士。

1965
●6月，辭新亞書院校長之職，結束16年的辦學生涯。

1967
●10月，赴台定居，任教於中國文化學院。翌年7月，當選中央研究院院士，並遷居士林外雙溪「素書樓」。

1985
●6月，告別杏壇。12月獲聘爲總統府資政。

1990
●6月1日，因「素書樓」風波，搬離住所。8月30日，病逝於新遷寓所，享年96歲。

【延伸閱讀】
↪ 余英時，《猶記風吹水上鱗——錢穆與現代中國學術》，1991，三民。
↪ 嚴耕望，《錢穆賓四先生與我》，1992，台灣商務。
↪ 李木妙編撰，《國史大師錢穆教授傳略》，1995，揚智文化。

只要我澆澆水，
椰子樹立刻長高了……

1 那個老愛胡說八道的人

2 哼，吹牛大王

3 你這個白癡笨蛋校長

4 怪老頭，當什麼校長丫

2 ^A 哼，
吹牛大王

處理公務時的傅斯年。

曾任台大校長的傅斯年，雖然只擔任了短短一年多（1949～1950），
就因為腦溢血逝世於任內，但他對台大的影響卻是非常深遠的。
對內，他致力提升台大的學術水準；對外，則嚴拒軍警勢力入侵校園，保持學術獨立。
有一次，傅斯年到了生物實驗室中，看到同學正在看草履蟲，
他說：「我在倫敦的時候也看過。」同學開玩笑回說：「你吹牛！」
傅校長竟然沒有生氣，反而哈哈大笑離去。

維護校園與學術獨立的教育者——
傅斯年
1896~1950

傅斯年（中排右2）於台灣省參議會列席。

在五四運動時鋒芒初露的學運領袖傅斯年，既是中國新史學（史料學派）的先鋒，也是一位成功精悍的教育工作者。

傅斯年肖像。

傅斯年，字孟真，1896年3月26日生於山東聊城縣一書香世家。他幼時飽讀經書典籍，1916年進入北京大學本科國文門（相當於中文系），經由同窗顧頡剛的力薦，開始受業於胡適門下，中西並蓄，思想視野因而大開，乃投身文學革命陣營。

傅斯年終其一生都和胡適維持著亦師亦友的情誼。他有狂狷書生本色，既認同胡適的治學新路，又敢於向他提出尖銳的質疑；可是當胡適受到外界的攻訐圍剿時，傅斯年總是挺身為胡適辯護。如此的

治學、處世態度，爾後在其出掌台灣大學校長任內，發揮了令人耳目一新的整頓功效，亦可視為五四新精神的展現。

北大畢業後，傅斯年先後留學英、德，1928年應蔡元培之聘，於剛創設的中央研究院裡，籌設並擔任歷史語言研究所所長，規畫宏遠、立意清楚，迄今猶未能移。而學思深厚、精力旺盛、行政能力絕佳的傅斯年，先是投入安陽殷墟考古的田野工作，往後又出任中研院總幹事、國民參政員。而後國事危急，傅斯年除積極治學，亦勤於論政，像抗戰勝利不久，他就於《世紀評論》雜誌發表〈這個樣子的宋子文非走開不可〉，聲震九州。當胡適受命為北大校長尚留美未歸時，就由傅斯年暫代校長之職，及至國民政府遷台後，1949年1月20日傅斯年出任為台大校長。

傅斯年是改制後的第4任台大校長，他出掌台大只有兩年不到的時間，但是台大人對他懷念特別多，像今日的台大校訓「敦品、勵學、愛國、愛人」就是出於傅斯

今日台大校園內的傅鐘，是為了紀念傅斯年所建。

年之口；台大校園裡頭的傅園、傅鐘，都讓人油然生出思古幽情。這一切固然是由於傅斯年的威名罩頂，更重要的是，傅斯年鞠躬盡瘁的身教言教所致。

是時台大規章均循日制，傅斯年受命於危亂之際，就積極替台大進行脫胎換骨工作。他大力添購圖書儀器、增建教室宿舍、延聘教授名師、改革附屬醫院、慎選學生，更注重學生的品行教育。傅斯年的大刀闊斧確實讓台大氣象一新，但先前代理北大校長期間已耗損體能過甚，如今台大校長任內不眠不休的工作，更讓身體遭受前所未有的折磨。終於，1950年12月20日下午，傅斯年列席台灣省參議會，在答詢省參議員郭國基有關台大招生尺度和教育器材遺失等問題後，突然腦溢血昏倒議場，緊急送醫搶救無效，晚間11點22分宣告不治，得年僅55歲。當時黨國元老吳稚暉輓聯云：「成學派自由，豫制共匪，五四君千古；是真正校長，主持大學，子民外一人」，可謂對傅斯年的公允評論。

台灣

發行人：王阿舍　發行所：遠流舊聞社

舊聞提要

1.中國國民黨中央改造委員會於18日通過「反共建國聯合陣線計畫綱要」。
2.中國廣播公司自18日起

郭大砲轟傅大砲

▲ 有郭大砲之稱的郭國基，於議會中質詢。

▲ 傅斯年過世前於台灣省參議會列席報告。

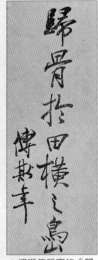
▲ 傅斯年所寫的「歸骨於田橫之島」。

正式開始對中國大陸廣播

3. 台灣大學校長傅斯年於省參議會答覆質詢時，因腦溢血病逝會場，得年55歲。

4. 省政府與美國經濟總署台灣分署於21日簽訂「肥料供應合約」。

讀報天氣：陰有雨
被遺忘指數：●●●

台大校長驟逝真相？

▲ 台大學生聚集於參議會門前，詢問傅斯年去世的情形。

【本報訊】21日晚間11點22分，台灣大學校長、中央研究院歷史語言研究所所長傅斯年，因腦溢血病逝，當晚移靈至極樂殯儀館。

由於前日下午傅校長曾列席省參議會第10次會議，並答覆省參議員郭國基的詢問。當時代理會議主席的副議長李萬居回答記者的問題時說：「傅校長是位真正懂得辦教育的學者，想不到今天竟會在參議會『棄世』……」就因為「棄世」二字被記者誤寫為「氣死」，昨天引來數百名慷慨激昂的台大學生前往南海路的省參議會，高呼「郭國基出來！」，其後在省議會祕書長連震東、副議長李萬居、教育廳長陳雪屏等人的解說勸慰下，同學才整隊回校。

當個性耿直剛烈的傅校長，遇上稍嫌盛氣凌人、不留情面，夙有「郭大砲」之稱的郭國基省參議員時，是否因而大動肝火，導致血壓上升，終致溘然長逝呢？根據本報記者深入查訪的結果，這一風波恐怕是誤會一場。

副議長李萬居先生向本報記者表示，前天郭參議員詢問時，均屬普通問題，態度亦極溫和，傅校長答詢也極心平氣和，並無憤怒之事，昨日報載「氣死」實乃「棄世」之誤。記者再專訪教育廳長陳雪屏，陳廳長鄭重指出，雖然郭參議員平日的質詢聲勢頗壯，但他非常敬佩傅校長，視其為長輩，雙

▲ 台大學生排隊瞻仰傅斯年遺容。

方詞意中並未摻雜火藥氣味。所以經由兩位見證人的說詞，傅校長被郭大砲氣死的說法當屬訛傳。

　　記者調閱前天省參議會的答詢記錄，發現傅校長對於有關台大招生尺度，以及由上海搬遷來台的教育器材遺失問題，回覆甚詳。經查招生問題讓傅校長揹負極大的人情壓力，傅校長固然力拒，無情流言卻讓他氣憤不已；至於教育器材遺失一事，更嚴重涉及公教人員操守，傅校長百憂感其心，萬物勞其形，加上久患高血壓宿疾，這才是導致傅校長累死於教育改革崗位的主因。

　　關於傅校長自由人的風範，本報記者還挖到一則獨家祕聞。

　　今年4月6日發生台大、師大學生的示威運動，事後軍警情治特務單位大肆逮捕學生。傅校長對當局不經任何手續就任意到台灣大學抓人極為不滿，就親訪國民黨最高當局，要求若無確鑿證據不能隨意到台大捕人，即使有確鑿證據，也必須經由校長批准，並且相約成為一項制度。

　　另外，國府當局也在各級公教人員間實施互相監控的聯保制。經傅校長出面向國府力爭，台大才沒有實行聯保制度。由於台大保持相對自由的學風，不少人就攻擊台大是「共產黨細菌的溫床」，為此傅校長曾公開發表文章為師生辯護。所以即使傅斯年一生極其反共，但他更不允國府以反共之名斲喪台大的學術獨立和尊嚴。只是如今他驟然病故，台大是否還能昂然自立，有識之士憂心不止。

▲ 台大學生列隊赴殯儀館致哀。

▲ 總統蔣介石於公祭現場致祭。

傅斯年年表
1896~1950

1896
●3月26日生於山東聊城縣。

1913
●考入北大預科。

1916
●考入北大本科國文門（相當於中文系）。

1919
●元月，與同學創《新潮》雜誌。五四運動爆發，傅斯年為學運領袖。6月畢業。

1920
●赴英國倫敦大學研究院習自然科學。

1923
●赴德國柏林大學哲學院研究。

1926
●結束留學生活，束裝返國。
●翌年任教廣州中山大學，創語言歷史研究所。

1928
●中央研究院創設，任歷史語言研究所所長。秋，開始安陽殷墟的發掘。

1929
●中研院史語所由廣州遷移至北平。

1935
●傅斯年陪同法國漢學家伯希和赴安陽殷墟考察。

1937
●兼代中研院總幹事。抗戰軍興，史語所開始西遷。翌年應聘為國民參政員。

1940
●真除中研院總幹事。代表作《性命古訓辨證》問世。

1945
●作為國民參政員代表團成員飛赴延安晤毛澤東。同年代理北京大學校長。

1946
●自重慶飛北平，辦理北大復員事宜。

1947
●於《世紀評論》發表〈這個樣子的宋子文非走開不可〉，舉國矚目。

1949
●就任台灣大學校長。

1950
●12月20日晚因腦溢血病逝。

【延伸閱讀】
➪ 傅斯年，《傅斯年全集》，1980，聯經。
➪ 鄭梓，《本土精英與議會政治》，1985，自印。

我是不是你「最愛」罵的人？

Q 徐復觀為什麼會被哲學大師熊十力臭罵一頓呢 **?**

1 穿著打扮怪模怪樣

2 打破大師心愛的魚缸

3 因為他不會讀書

4 因為他的字太潦草

3^A 因為他不會讀書

徐復觀在年輕時，曾去拜訪哲學大師熊十力，請教他該唸些什麼書，
熊十力要他去讀王夫之的《讀通鑑論》。他答說早就讀過了。
熊先生聽到這種回答，很不高興地說：「你沒有讀懂，再去讀。」
過一陣子，徐復觀說《讀通鑑論》已經讀完了，熊先生問他：「那你有什麼心得？」
徐復觀就提出了許多不贊同的意見。沒想到熊先生聽了就大怒說：「你這個東西，
怎麼會讀得進書？！任何書的內容，都有好的地方，也有壞的地方。
你為什麼不先看出它好的地方⋯⋯讀書就是要先看出它的好處，再批評它的壞處，
這樣才像吃東西一樣，經過了消化而攝取營養⋯⋯。你這樣讀書，真太沒出息了！」
徐復觀後來說：「這對我，真是起死回生的一罵。」影響了他日後的治學態度。

新儒家代表人——

徐復觀

1903~1982

　　徐復觀，1903年生於湖北浠水。他和唐君毅、牟宗三，都是戰後活躍於台、港等非共地區、且系出熊十力

1960年9月，徐復觀送大兒武軍（右1）出國時的全家合照。

的三大新儒學宗師。和唐、牟二人不同的是，徐復觀早年投身軍旅，一度廁身國民黨高層機要，直到抗戰末期始遊學於熊十力，所以就學思道路來說，他算是半路出家。另外，他曾剖析自己做學問的方法和出發點，「一以原始資料和邏輯爲導引，以人生社會問題爲徵象，三十年來的著作，其基本動心實基於感時傷世之念」。源於如此入世的態度，使得他和唐、牟兩位先生相較，唐君毅是文化意識的巨擘，牟宗三是哲學和道德理性的大師，而徐復觀則成了維護歷史文化和自由民主的鬥士。

　　由於徐復觀不喜形而上之道，著重的是歷史時空所展現的具體世界，所以他好

論政，喜談歷史得失，當中國大陸陷共以後，1949年5月，他帶著家眷來到台灣，定居在台中，初任教於省立台中農學院（國立中興大學前身）。

徐復觀伉儷，1977年舊曆除夕前一日攝於唐君毅家中。

此後他也在香港創辦了《民主評論》雜誌，不時與台灣的《自由中國》雜誌相呼應，這本雜誌以倡導中國文化爲主軸，但也對一黨專政的台灣政局提出民主評論。

　　1955年徐復觀轉任東海大學中文系，到了1969年由於得罪當道，被迫離開東海大學，翌年前往香港新亞書院，臨別前夕發表〈無慚尺布裹頭歸〉以明志。1982年初因胃癌復發，來台入台大醫院治療，4月1日溘然長逝，享年79歲。

　　徐復觀個性剛烈、頗有狂狷儒生之

1981年徐復觀伉儷離港赴美前的合影。

氣，他以護衛中國道統自居，而被視爲「文化保守主義者」。1958年他和唐君毅、牟宗三、張君勱等人在《民主評論》雜誌發表〈爲中國文化敬告世界人士宣言〉，是爲

1981年胃癌手術後，於香港九龍留影。

戰後「新儒家」學者的重要發聲；然而不同於多烘窮酸者流，他卻是「以傳統主義論道，以自由主義論政」的淑世志士。為了反共與自由民主，他企盼流亡的知識分子能放下歧見，保持團結。可惜終因彼此對中國文化的評價迥異，最後導致《民主評論》和《自由中國》兩大雜誌陣營相互叫陣，並捲入1960年代漫天烽火的「中西文化論戰」裡。

這其中尤以徐復觀和殷海光二人的關係發展最值得誌上一筆。兩人由友而敵，而後再化敵為友，如此長達24年。兩人個性太相近，所以一有齟齬就吵翻天，卻也從對方身上看到自己的影子，所以終不致真正絕裂，這種「難為知己難為敵」的關係，或許正是自由主義在華人世界難以壯大，也不會滅絕的原因吧！

徐復觀勤於思索，文字著述甚豐。《中國人性論史‧先秦篇》、《中國藝術精神》、《兩漢思想史》等在學術界都有重要地位。或許純就學術內涵而論，徐復觀較之唐君毅、牟宗三是少了些可談性；但是他激躍的即知即行實踐力，是其他新儒家學者遠遠不及的。

台灣

發行人：王阿舍　發行所：遠流舊聞和

同門不同徑

【本報訊】今年12月16日至20日，旅港的徐復觀教授在《華僑日報》發表〈良知的迷惘——錢穆先生的史學〉一文，痛批國學大師錢穆為達到維護中國專制之實，遂假史學之名發表令人迷惘扼腕的言論。徐復觀認為，如此一來，對於在生死邊緣掙扎的10億生靈的沈痛呼求，無疑是潑了一盆冷水。徐復觀

▲ 寫稿中的徐復觀。

▲ 國學大師錢穆。

彥士繼任外交部長。

3. 旅港的徐復觀教授自本月16至20日，在《華僑日報》發表〈良知的迷惘——錢穆先生的史學〉，批判國學大師錢穆。

4. 新竹科學園區於26日正式開工，預定10年完工。

請報天氣：陰有雨
被遺忘指數：●●●

徐復觀、錢穆意見相左

的諤諤之聲，當然在整個華人學術圈裡激起了陣陣漣漪。

徐復觀是傳統儒家思想的護衛者，所以當50、60年代的西化派人士不斷侵逼傳統文化的堡壘，並力主無價值判斷的邏輯實證論時，他總是率先發難並且站在論戰最前端。像60年代初期，為著反駁胡適的一席話，而引燃「中西文化論戰」烽火的就是徐復觀。也因為看待傳統文化的方式有歧異，所以即使都站在針砭國民黨立場，徐復觀和殷海光這兩位學術菁英因而交惡，直到殷海光晚年關係才和緩。

但是，藉由精研中國先秦以迄漢代的政治、思想演變，徐復觀得出一個基本的認識：「中國歷朝歷代一直貫穿著體現人文精神的聖人之道（或稱為理），與表現為無限制的君主專制之勢的矛盾和衝突。雖然士大夫始終堅持道尊於勢，殘酷的事實卻是勢遠遠

▲ 孔曰「成仁」，孟曰「取義」，既有《論語》，則有《孟子》。孔孟二人，可謂是中國思想與儒學的最高象徵。圖為孔子畫像。

▲ 台灣自漢文化傳進後，孔孟思想也隨而引進，圖為台灣第一座孔廟——台南的孔廟。

強於道，在緊張衝突中遂形成精神上的重負和奴才性格，變成君主專制的工具。」徐復觀認為，只有引進民主與科學才能解開這一歷史死結，並進一步從傳統深處發掘內在的

▲ 授課中的殷海光。

精神生命力，把中國的固有人文精神轉化為民主與科學。因此，狂狷的徐復觀就不同於守舊的國粹派人士，特別是錢穆。

在批評錢穆的文章裡，徐復觀鄭重表示，他和錢穆有相同之處，都是要把歷史中好的一面發掘出來。但錢穆發之為語的是，二千年專制並不是專制，因而要我們安住於歷史傳統政制之中，不必妄想什麼民主。而徐復觀則是要發掘「以各種方式反抗專制，緩和專制，在專制中注入若干開明因素，在專制下如何多保持一線民族生機的聖賢之心，隱逸之節……及志士仁人忠臣義士，在專制中所流的血與淚。……『歷史地良知』該是如何的重要」。

徐復觀早年既投身軍旅、參贊機務，官

拜少將，和蔣家父子的關係匪淺；可是由於他不是聽話的御用文人，所以國民黨到了後期也視他為肉中刺，這也是導致1969年他被迫離開東海大學轉赴香港發展的主因。更弔詭的是，懷有強烈大中國情懷的徐復觀，由於他對自由民權諸理念採取迅猛的啓蒙教誨，所以他的首席大弟子蕭欣義（東海中文系首屆高材生）放洋留美之後，遂投身台獨運動，成為鏗鏘有力的台獨理論大師，讓國民黨政權憤恨頭痛不已。

不論錢穆是否會回應徐復觀的質疑，徐復觀對於華人世界爭自由民權的潮浪，將具有正面推波助瀾的作用。

▲ 徐復觀於抗日戰爭期間，曾任蔣介石（左）的參贊幕僚。

▲ 1968年，徐復觀與夫人攝於東海大學宿舍前院，翌年即被迫離開東海大學。

徐復觀年表
1903~1982

1903
●1月31日生於湖北浠水。

1922
●畢業於武昌第一師範,之後於小學任教。

1925
●以榜首考入湖北省立武昌國學館。

1927
●任武昌水陸街省立第七小學校長。

1930
●26歲,受湖北同鄉資助留學日本,原就讀明治大學經濟系,後轉讀日本陸軍士官學校步兵科。翌年因918事件抗日被捕,後退學返國投入軍旅。

1943
●於重慶勉仁書院拜謁熊十力先生,回歸中國文化研究之門。

1949
●5月抵台中定居達20年。6月16日創辦《民主評論》雜誌於香港。

1952
●任教於省立台中農學院(國立中興大學前身)。

1955
●轉赴新創立的東海大學,擔任中文系教授兼系主任。

1958
●與張君勱、唐君毅、牟宗三諸人共同簽署發表〈為中國文化敬告世界人士宣言〉。

1961
●為駁斥中研院院長胡適,發表〈中國人的恥辱,東方人的恥辱〉一文,掀起「中西文化論戰」。

1969
●離開東海大學遠赴香港新亞書院任教。

1980
●應邀返台參加「國際漢學會議」,於體檢時發現罹患胃癌,手術後返港。

1982
●4月1日病逝於台大醫院。

【延伸閱讀】
↪ 徐復觀,《儒家政治思想與民主自由人權》,1979,八〇年代雜誌社(1988,學生書局再版)。
↪ 徐復觀,《徐復觀雜文——憶往事》,1980,時報文化。
↪ 徐復觀,《徐復觀雜文——續集》,1981,時報文化。
↪ 曹永洋編,《徐復觀教授紀念文集》,1984,時報文化。

行行出狀元，
和尚博士我是第一人

1 與有榮焉真感動

2 為國爭光拍拍手

3 狗屎運亨通而已

4 有損清譽好丟臉

4 ᴬ 有損清譽好丟臉

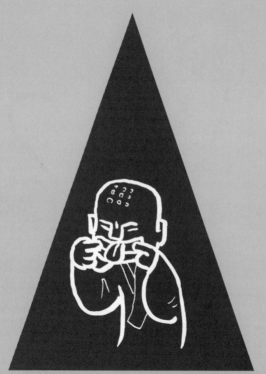

手不釋卷的印順法師，1992年攝於鹿谷精舍。

印順法師是台灣第一位獲得博士學位的和尚。他之所以獲得這個學位，和他的著作
《中國禪宗史》有關。該書是一部佛學研究的專論，以全新角度探討禪學由印度式轉為中國式
的過程，內容詳細考據了包括日本文獻在內的禪宗各家史料，並加以分析、辨正，可說是極具
突破性和學術性的著作，因此，出版不久即被視為經典之作，連日本佛學界也十分重視。
後來，在留日的台灣學生和日本學者的合力推薦下，日本大正大學決定授予印順法師
文學博士學位。但當時正逢我國退出聯合國、又和日本斷交之際，
於是台灣佛教界立刻掀起批判聲浪，一面責備他親日，損及佛教界的清譽，
一面嘲笑日本學位太容易取得。後來印順法師憤而辭去《海潮音》雜誌社長一職，以示抗議。

闡揚「人間佛教」的佛教思想家——釋印順

1906~

印順法師攝於1962年的慧日講堂，此為印順設於台北市的弘法場所。

釋印順，也就是著名的印順法師，曾被譽為明末以來中國佛教界最具思想內涵的高僧、當代佛學最高權威者。不過，他也有不少見解受到當代佛教界的批判，一生中飽受各種毀譽與紛爭。

印順法師俗姓張，本名鹿芹，1906（清光緒32）年出生在浙江省海寧縣一個半農半商的家庭。6歲入私塾，13歲從高等小學畢業後，在父親的安排下，隨中醫師研讀了3年醫書，但因興趣缺缺，於是轉往基督教附設小學教了9年書。這時期，體弱多病的他，體悟了生老病死的痛苦，遂於25歲那年到普陀山福泉庵出家，拜清念老和尚為師，法名印順，號盛正。

1952年，印順法師出席日本世界佛教友誼大會。前排右起：印順法師、章嘉大師、趙恆惕；後排右起為：李子寬、李添春、圓明法師。

26歲時，他到太虛大師主辦的閩南佛學院求學；27歲至31歲期間，在佛頂山閱讀大藏經，對他日後的佛法研究影響重大。1938年，為避日禍滯留重慶，在縉雲山漢藏教理院進修，直到1947年返回上海，被推舉主編《太虛大師全書》，翌年5月30日編纂完成。兩年後因國共內戰逃難到香港，1952年時應中國佛教會李子寬之邀，以國家代表團團員名義，赴日參加世界佛教友誼會第2屆大會，並由此機緣自香港來台。

來台後至1964年間，印順法師講經弘法、建道場，並擔任當時台北佛教界首剎善導寺的導師，生活極為繁忙。1954年1月時，由於他所寫的《佛法概論》被人檢舉是為匪宣傳，引起軒然大波，最後他被迫修改書中部分資料，並辭去善導寺導師一職，才平息了這場在台灣佛教史上影響深遠的紛爭。1964年5月底，他在嘉義妙雲蘭若精舍閉關修行，雖於1年後即出關，但仍

印順法師及其墨寶。

維持靜居自修不問俗務的生活，長達40年。此後他專心論述，完成一整系列「妙雲集」佛學叢書，對台灣佛學界影響深遠。

印順法師所研究的佛學，並不限於單一宗派，而是博採各法門的論點，加以考據探源及理性分析，因此能站在一個比較客觀、比較全面的位置來思考佛教義理。此外，他發揚太虛法師的「人生佛教」的思想，提倡「人間佛教」；他認為傳統中國佛教過於偏重死後往生與神佛信仰，因此主張重視人道的人間佛教，但為了避免此一思想的過度世俗化，他又主張必須以原始佛教和大乘菩薩思想作依據，既信守佛法精神，又積極入世服務。影響所及，他的弟子證嚴法師成立「慈濟功德會」，以行動實踐人間佛教信仰，救災賑貧，成果斐然。於是自 1980 年代以來，「人間佛教」思想逐漸蔚為台灣當代佛教的主流。

印順法師著述成果豐碩，包括《妙雲集》、《華雨集》，以及《中國禪宗史》、《初期大乘佛教之起源與開展》等約40冊專書，總計7百餘萬言，對佛學研究和思想啓發上，深具劃時代的意義。

台灣

發行人：王阿舍　發行所：遠流舊聞社

舊聞提要

1. 荷商台灣飛利浦公司於12□宣佈在高雄成立轉運中心
2. 強制汽車責任險15日公佈□公辦民營。

▲ 日治時期傳統宗教法會舉行的情景。

▲ 佛學研究成就極高的印順法師與創立慈濟功德會的證嚴法師（左）合影。

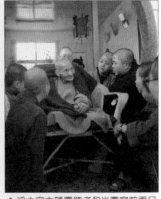

歷史報

3. 亞洲最大的骨髓資料中心於16日成立。

4. 現代佛教學會主辦「佛教與社會關懷學術研討會」，18日起在高雄舉行。

讀報天氣：陰有雨
被遺忘指數：●

▲ 淨土宗大師廣欽老和尚圓寂前兩日向眾弟子開示。

佛教與社會關懷學術研討會
探討佛教各派與社會的互動

【本報訊】近年來，因慈濟功德會大力推動慈善事業，遂引起各界對台灣佛教實踐模式的探討。由現代佛教學會所主辦的「佛教與社會關懷學術研討會」，今明兩天在高雄舉行，會中將對佛教各宗的修行法門，與當代台灣社會的互動，提出深入的觀察與檢討。

佛陀曾說，修行因人而異，而有8萬4千多種法門，因此佛教自古來就有許多不同的法派；以近代著名的「民國佛教四大師」來說，就是分別屬於不同的修行法門，包括有弘揚淨土的印光大師、以禪修聞名的虛雲大師、以戒律聞名的弘一大師，以及改革派的太虛大師。戰後，他們在台灣也各有傳承者，只是一般大眾不見得清楚這些

▲ 1957年5月9日，中國佛教代表團抵泰國曼谷，參加泰國紀念佛涅槃2500年大會，泰華佛教社團至機場歡迎。

法門的傳承關係與區別。

以淨土宗來說，是以死後往生西方極樂世界為信仰核心，修行方式以老實念佛為

主。由於實踐方式簡單，因此信眾人數最多，也最能普及大眾。淨土宗的道場與社會大眾的互動關係，除了各宗派都有的消災祈福法會、弘法與皈依大會、臨終助念與喪弔法事之外，平日也會舉辦念佛會等來幫助信眾修行念佛。弘揚淨土法門的法師不少，例如不識字的廣欽老和尚、印光大師這一法脈的李炳南居士、台中佛教蓮社，以及南投靈巖山寺的妙蓮法師等。

至於禪宗的傳承者也相當多，例如法承自虛雲老和尚的靈源法師，便是臨濟宗第57代傳人，而他的弟子惟覺法師近年來更是備受媒體關注。他透過各地精舍的基礎禪定課程，以及總道場中台禪寺所舉辦連續7天甚至49天的禪修課程，幫助僧尼信眾的禪修工夫更上層樓。由於諸多社會菁英皈依其座下修行，使得惟覺法師逐漸奠定他在指導禪修上的重要地位。

另外，法鼓山的聖嚴法師身兼曹洞、臨濟兩宗傳法，他著作等身，有律學、阿含、比較宗教學；同時他也提倡「心靈環保」與「人間淨土」，可說是台灣少數在理論與實踐都表現極為出色的禪師之一。

法承自太虛大師的印順法師，以佛學研究為主。他對淨土與禪宗皆有批評，認為中國禪宗忽視三藏經教偏重理悟、修行急於證悟未能多關懷社會，而傳統淨土思想一味求往生、修來世，忽略當下人間淨土的創造。他認為淨化人間，才是菩薩本意，所以提倡「人間佛教」思想。他的弟子證嚴法師將此一思想加以實踐，她所設立的「慈濟功德會」積極參與醫療、賑災、濟貧等各項慈善事業，一掃社會認為佛教是消極出世的印象。

除了印順這一脈之外，佛光山的星雲法師也是「人間佛教」的重要推動者。佛光山除了積極參與公益與政治活動之外，更是最早推動佛學教育、電視弘法的道場之一，他甚至在世界各地皆設有道場。在企業化的經營下，「佛光山」與「慈濟功德會」近年來已成為台灣佛教界最大的兩個道場。

儘管法門不同，與社會互動的方式也不同，但這些佛教法脈確實都在台灣社會走出了新的格局，也各自獲得眾多信眾的肯定與認同。

▲ 佛光山大悲殿於1971年4月11日舉行落成典禮，其他各派有多位法師前來祝賀。圖中前方為佛光山開山宗長星雲，星雲的右後方第1位是真華、第2位是慧峰，左後方為月基。

▲「慈濟功德會」推廣骨髓移植不遺餘力。

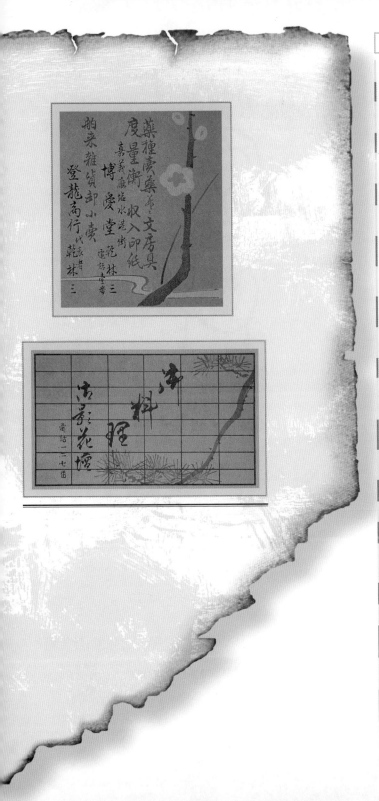

1906
●農曆3月12日出生在中國浙江省海寧縣。

1912
●入初等小學。

1918
●自硤石鎮開智高等小學畢業。正規的學校教育到此為止。

1921
●到基督教附設之小學任教，長達9年。

1930
●10月11日，在普陀山福泉庵出家，拜清念老和尚為師，法名印順，號盛正。

1931
●入太虛法師主辦的閩南佛學院求學，次年即離去。

1932
●展開自學生涯，在佛頂山閱讀大藏經，至1936年，完成全藏的閱讀。

1938
●因抗戰避日禍，到重慶縉雲山漢藏教理院深造，翌年，在漢藏教理院授課。

1941
●任四川合江縣法王學院導師；在貴陽完成首部著作《唯識學探源》。

1943
●由演培法師等人協助，以「正聞學社」名義，在重慶出版了最具分量的著作《印度之佛教》。

1947
●返回上海，負責主編《太虛大師全書》。翌年5月30日編纂完成。

1949
●因國共內戰，逃難至香港。

1952
●當選「香港佛教聯合會」會長，旋又被推薦為中華民國代表團團員，赴日參加世界佛教友誼會第2屆大會。
●自香港來台長期定居，受聘擔任善導寺導師。

1953
●1月，正式接任《海潮音》雜誌社社長。
●在新竹建福嚴精舍。

1954
●1月，發生《佛法概論》遭檢舉為匪宣傳事件，辭去善導寺導師一職。

1960
●在台北建慧日講堂，為弘法之所。

1964
●5月26日，在嘉義的妙雲蘭若精舍掩關。

1971
●出版《中國禪宗史》及自傳《平凡的一生》。

1973
●以《中國禪宗史》獲日本大正大學文學博士學位，同年秋，將主要著作編為《妙雲集》，以正聞出版社名義出版。

1981
●出版重要著作《初期大乘佛教之起源與開展》。

1985
●出版《游心法海六十年》，以明著述的心路歷程。

1988
●出版《印度佛教思想史》，此後少有鉅著，但仍繼續執筆。

【延伸閱讀】
↪ 楊惠南，《當代佛教思想展望》，1991，東大圖書。
↪ 江燦騰，《台灣佛教文化的新動向》，1993，東大圖書。
↪ 江燦騰，《台灣佛教百年史之研究》，1996，南天。
↪ 釋昭慧，《人間佛教的播種者》，1997，東大圖書。
↪ 潘煊，《看見佛陀在人間：印順導師傳》，2002，天下文化。

搞運動？皇民那比得上平民！

二次大戰期間當總督府正努力推行「皇民化」運動時，
社會學家陳紹馨卻反其道去推動什麼運動?

1 愛用平民貨運動

2 愛說台灣話運動

3 愛吃蓬萊米運動

4 愛研究台灣運動

4^A 愛研究台灣運動

陳紹馨在書房裡閱讀。

1941 年7月，幾位作風開明的日本學者（金關丈夫、岡田謙、須藤利一、池田敏雄、松山虔三、立石鐵臣等），和幾位台籍學者（陳紹馨、黃得時等）一同在台北發行創刊了《民俗台灣》雜誌，以研究、保存台灣風俗習慣為目標。

當時台灣總督府警務局認為刊行這種雜誌，會妨礙日本皇民化政策，於是加以阻撓，但這些學者不但不退縮，反而據理力爭，最後當局只好准其發行。

當時《台灣民俗》的編輯方針完全採取公開公平的作法，不管作者是否有名，只要寫得好便一律將其原稿刊登，因此廣獲好評，並發掘出不少優秀的民俗學者。

身為發起人之一的陳紹馨，除參與雜誌編輯之外，也在這本雜誌上發表了不少文章，闡述研究民俗的意義與方法，是台灣民俗學界的先驅性人物。

台灣第一位 人類社會學家—— 陳紹馨

1906~1966

陳紹馨與夫人黃阿嬌合影。

出生於汐止的陳紹馨，父親陳定國曾任汐止街長、州協議員等職，是位地方名士，家境頗優。1920年9月，6年制的台南商業專門學校成立，陳紹馨順利考入，得以受教於台灣第一位文學士林茂生。當時正值「台灣文化協會」推展「文化運動」之際，他也加入文協活動。1926年8月「文協」在台中霧峰萊園舉辦第3次夏季講習會時，便由他主持「星宿講話」課程。當時他21歲，是所有演講人中最年輕者。

1927年陳紹馨負笈日本，插班考進日本大學文學部預科，求學期間曾為台灣留日青年刊物《新生》撰稿，討論科學與人生觀問題。2年後，他轉讀東北帝國大學法文學部，跟隨日本著名學者新明正道攻讀社會學，且以優異成績畢業、留校擔任助教。但當1936年返台後，卻因一時無「用武之地」，只好先到父親經營的高雄統嶺農場工作。1942年他以「囑託」（特約人員）方式任職台北帝國大學文政學部土俗人種學研究室，雖大材小用，但他仍專注於社會學研究，達3年之久。

日本戰敗後，他與林茂生、黃得時負責接收台北帝國大學文政學部和預科，將受戰爭破壞的建築物、圖書整理恢復舊觀，成為台灣大學人文學科發展的基礎。1945年12月，他受聘為台大歷史系教授。翌年6月，當時台灣最大的文化社團「台灣文化協進會」成立，他為理事之一，並創刊《台灣文化》，內容兼及文學、社會科學和區域研究，可惜該刊在二二八事件後停刊。1948年，《公論報》創辦「台灣風土」周刊，由陳奇祿主編，他協助推動。這本周刊一直到1955年才廢刊，是戰後初期研究台灣民間社會文化延續最久的刊物。

1949年8月台灣大學獲得「林公熊徵學田基金會」資助，在台中縣仁愛鄉瑞岩進行泰雅族人類學調查，由陳紹

陳紹馨於溫州街家中與孫子和家犬玩耍。

陳紹馨（前排右1）與家人合影。

馨負責策畫並擔任團長，調查成果豐碩，這也是台大考古人類學系成立的先聲。是年9月該系成立，他是創系教授之一。數年後他得到聯合國資助，赴美、加從事社會調查工作外，也曾赴美國普林斯頓大學人口研究所研究。1960年返台後，與龍冠海等人籌設台大社會系，對於培育社會學人才貢獻很大。

陳紹馨在學術上的另一成就是撰修地方志。1951年當各縣市紛紛成立文獻委員會時，他發表〈文獻委員會應有的工作〉與〈新方志和舊方志〉二文，成為修志者的最佳指導與參考。他也擔任過台北市及台灣省文獻會委員，並撰寫了台灣省通志稿的〈人口篇〉，其學術價值受到高度肯定。

1966年陳紹馨雖因病痛須經常住院，但仍堅持赴課堂上課，並對政府戶口普查政策提出增列「婦女生育率」、「住宅」等項目，且受採納，直到11月時終因腸癌病逝。

台灣

發行人：王阿舍　發行所：遠流舊聞社

舊聞提要

1. 社會學家陳紹馨於21日假「自由之家」，對美國學者講演〈台灣的人口與社會變遷〉。
2. 國防部長蔣經國與經濟部

▲ 陳紹馨（左1）參加國際學術研討會的情形。

▲ 會議中的陳紹馨（左）。

長李國鼎於22日巡視大膽島防務。

3. 中央研究院於24日舉行第6次院士選舉會，選出新院士8人。

4. 台灣省行政會議於25日揭幕，預定在27日閉幕。

讀報天氣：陰有雨
被遺忘指數：●●●●

圖一　台閩地區人口密度及性比例
民國五十五年

▲台灣人口問題為陳紹馨所關切。

大師的最後一場演講？
陳紹馨談台灣人口與社會變遷

【本報訊】台灣著名的社會學家陳紹馨於21日抱病到「自由之家」，為來自美國的數十位學者講演「台灣的人口與社會變遷」，他在講完之後即病重住進台大醫院。這場演講可能是他最後一場演講。

陳紹馨是以研究台灣人口而享譽國際，學術成就向為學術界所頌揚，而且他的研究領域相當廣博，包含有諺語、民俗、人口學、家族構成、親屬組織、聚落型態、社會變遷、社會調查、文化接觸、民間傳承、文獻修志等。

1942年陳紹馨進入台北帝大任職後，即專注於社會學研究，尤其在人口學研究上極有創見。戰後，他更藉由日本殖民政府留下的人口統計書，來探討台灣的社會性質和發展歷程，對3百年來的社會發展提出詮釋。他認為台灣是從「部落社會」、「俗民社會」，一直到日本統治的1920年代時進入「公民社會」的階段。

陳紹馨對台灣人口研究不僅有學術價值，同時他更希望對實際政策有所貢獻。他在研究中發現：台灣人口從17至19世紀本來是以緩慢速度成長，但在日本統治後，由於醫療與生產技術的突破，便以極快速

▲包括家庭計畫、人力計畫、衛生計畫等，都是解決人口量與質問題的方式。圖為醫護人員至農村講解家庭計畫的內容。

度成長，甚至在戰後的1940年至1960年間成為世界人口增加最多的地區；這對台灣社會的家庭居住、交通、教育、就業等方面，皆構成嚴重的問題。當時的政府尚未制定明確的人口政策，但陳紹馨就預見了人口壓力的嚴重性，因而提出施行「家庭計畫」和制度合理的人口政策。

▲早年台灣農村視人力為勞動力，「人多好做事」，因此家庭人口極多。

1960年代陳紹馨參與國際會議，發表論文皆以人口研究為主，顯示他在這方面研究成果受到的矚目。1963年陳紹馨應聯合國教科文組織邀請，參加聯合國主辦的「亞洲人口會議」。翌年獲得美國國家科學基金會資助，與美國哥倫比亞大學人類學系主任傅瑞德合作，進行「台灣人口與姓氏分布：社會變遷的基本指標」的研究計畫。此案對台灣人口姓氏的分布，作了詳盡的統計、分析與解釋，是一深入闡明台灣人口性質與文化淵源之研究。

1965年台大文學院為慶祝20年校慶，歷史系和考古人類學系在美國哈佛燕京學社補助下，召開了一場座談會，陳紹馨應邀主講〈中國社會變遷研究的實驗室——台灣〉一文。他指出：台灣在日治時代成為封閉性的人口，具有實驗室的特質，可藉而觀察中國人口與社會變遷，是社會研究的寶庫。這篇文章不僅刺激美國學者來台進行調查研究，也對本地學術界發生重大影響，使台灣研究日益熱絡。

翌年日本舉行第11屆太平洋學術會議的人口問題討論會，陳紹馨應邀準備提出兩篇論文，但因病重無法赴會，該會以「有先生之論文列入紀錄，為至大榮譽」，由此可見他所受的推崇。這次他抱病演講，與會者皆認為是親炙大師之難得機會。

▲1966年的戶口普查報告書。陳紹馨在1966年過世當年，仍出任戶口普查的指導員。

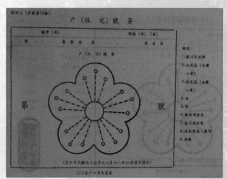

▲戶口普查可得知國家的人口、分布密度，圖為貼於住戶門前的戶口普查籤單。

陳紹馨年表

1906~1966

1906
- 6月14日，生於台北汐止。

1919
- 考進私立淡水中學，翌年又考進台南商業專門學校。

1927
- 入日本大學先修班（預科），2年後考進日本東北帝國大學法文學部，專攻社會學。

1932
- 自東北帝大畢業，留校擔任社會系助教。

1935
- 與台南市黃欣次女黃阿嬌小姐結婚。翌年返台，赴今高雄縣大樹鄉經營農場。

1942
- 以「囑託」身分任職台北帝國大學土俗人種學研究室。

1945
- 協同接收帝大文政學部和預科，受聘為台灣大學歷史系教授。

1952
- 以聯合國學員身分赴美國、加拿大研究社會調查。

1957
- 以〈台灣的社會變遷與人口變遷〉論文取得日本關西大學博士學位。

1959
- 赴美國普林斯頓大學人口研究所進行研究，並考察英、法之人口研究所。翌年轉任台灣大學社會系教授。

1963
- 赴印度新德里參加聯合國所主辦之亞洲人口會議。

1964
- 參加在東京召開之東亞社會層化及社會流動國際討論會。

1966
- 任行政院戶口普查處指導委員。11月16日病逝於台大醫院。

【延伸閱讀】
- 〈陳紹馨博士逝世紀念集〉，《台灣風物》16卷 6期，1966年12月，台灣風物雜誌社。
- 戴寶村，〈台灣社會學界的先驅──陳紹馨〉，《台灣近代名人誌（一）》，1987，自立。
- 戴寶村，〈社會學家・修志典範〉，《島國顯影（三）》1997，台美文化交流基金會。

係金ㄟ，
偶像帶我闖江湖！

1 印度人拉曼

2 發明電燈的愛迪生

3 洗澡洗到忘記的 亞里斯多德

4 隔壁化工廠老板

1^A 印度人拉曼

日治時期台灣人升學管道受到很多限制，青年學子最好的出路是學醫。
但潘貫卻受印度物理學家拉曼（C. V. Raman，1888～1970）的影響，選擇化學研究之路。
1928年時印度還是英國的殖民地，身為被殖民者的拉曼卻在學術上有超凡的成就。
他在光譜學上提出一項突破性的發現，也就是以他而命名的「拉曼效應（Raman Effect）」，
並因而獲得1930年諾貝爾物理學獎（Nobel Prize in Physics）。
這年潘貫正好進入台北帝國大學就讀，這件事對他產生重大的啟發，
他認為諾貝爾獎原先都是西方白人得獎，這是首次由東方人獲得，證實學問是無國境的，
因此他決定努力求真，為人類開拓新知識。
這個想法除了具有科學求真的精神外，還有殖民地青年欲「以科學振興宗國」的抱負。

傑出的化學家——
潘貫
1907~1974

潘貫，字凌雲，出身於台南的官宦之家，父親藝通文武、兼善醫術，是1886年的武科秀才，日本治台後，在台南懸壺濟世。潘貫的父母最初不願他進日本人開

潘貫肖像。

辦的新式學校就讀，便令他在家塾讀漢文，直到1919年時他才進入台南長老教會中學附屬小學就讀。

1927年，潘貫經激烈競爭考進台北高等學校，1930年再以優異成績進入台北帝國大學化學科就讀。他決定讀化學科，違背了父母期待他讀醫之路，原因是受到印度物理學家拉曼獲得諾貝爾物理學獎影響。之後，潘貫便追隨松野吉松教授從事有機化合物的拉曼光譜研究。

帝大畢業後，潘貫又進入「大學院」（研究所）。當時台灣人升學管道狹窄，進大學唸書者已不多，潘貫能進入大學院作

研究，更屬希罕；且台灣人子弟多是讀醫學、法律，其次是工、農學科，讀純化學的尚無前例。在校時，因為他的指導教授身體不好，且對新興的拉曼光譜學經驗也不多，因此研究幾乎都是潘貫獨自完成的。1933年到1937年間，他先後與老師聯合發表8篇學術論文，其中1936年的第7篇則由他獨自具名，是為申請博士論文。

以潘貫這些成就，理應會成為台灣第一位理學博士才是，可惜指導教授因病情惡化辭職返日，他的博士論文審查因此被耽誤，至戰後才獲得博士學位，未能成為首位理學博士。1936年潘貫因父親去世，必須經常返回台南照顧家事，3年後，他於台南高等工業學校任教。期間，致力於教學、研究，1944年發表〈關子嶺溫泉成分分析〉這篇學術論文。

潘貫因身處於殖民地差別統治的環境，對於中國產生期待和想像，認為中華民族若能強盛，台灣人遭遇的不平等即能解決，也因此潘貫極為關

事親甚孝的潘貫與母親、家人合影。

潘貫於實驗室中指導學生。

心當時中國的政治與戰局，暗地裡與同學一起自修北京話，以備他日之用。

1945年8月日本戰敗投降，潘貫因通曉北京話，義務協助接收工作，結果竟然積勞成疾。其後，潘貫接受好友建議進入台大醫院長期住院治療。1948年，他雖仍住院治療，但也開始在台灣大學化學系兼課。翌年潘貫正式於台大化學系任教，並且獲得理學博士學位。1958年4月，因台大校長傅斯年的推薦，當選中央研究院第2屆院士，他也是首位當選院士的台灣籍學者。

戰前，潘貫曾高度期待回歸中國，然而二二八事件發生，他親身體驗了同民族的惡政不比異民族少，傷痛至極。此後專注於研究，並認真培養年輕一代科學家。1950年代起，他開始從事電化學以及分析化學的研究，至過世為止，發表了相關研究論文共51篇。

潘貫除科學成就之外，還擅長以漢文詩作，早年常以詩文明志，留下不少見證時代的詩篇。1974年9月2日因肝病過逝，享年67歲。

發行人：王阿舍　　發行所：遠流舊聞社

舊聞提要

1. 台北帝國大學於11月15日被接收，經改組後更名為「國立台灣大學」。
2. 台灣省行政長官公署11月26日成立台灣經濟委員

▲ 台北帝國大學理農學部學生於糖實驗廠前合影。

▲ 帝大特別化學雜誌會的演講活動。

會，由陳儀兼任主任委員。
3.「台灣省省轄市組織暫行規程」於12月6日公佈，設9省轄市，市以下分區、里。
4.台灣大學首次招生於12月25日放榜，共錄取36名學生。

讀報天氣：陰有雨
被遺忘指數：●●●

台北帝大更名台灣大學
台大化學系為化學研究奠基

【本報訊】於1928（昭和3）年成立的台北帝國大學化學科，是戰前台灣化學研究重鎮。今年隨著台北帝大更名為台灣大學，理學部化學科也改名為理學院化學系。

日治時期，台灣總督府規畫台北帝國大學為協力日本帝國南進政策的角色，學科區分為專門研究台灣及南洋、華南人文的「文政學部」及研究熱帶農學為主的「理農學部」。帝大集結了當時日本頂尖的學者，進行質量豐富的研究，也接受總督府委託政策性研究。雖然具有殖民地大學性質，但也為戰後的學術研究奠定了重要的基礎。

1930年台北帝大理農學部化學科共有兩個講座，一是有機化學講座，由加福均三主持；另一是理論及無機化學講座，由松野吉松主持。加福均三畢業於東京帝大，為日本帖類化學研究的權威，1912年來台任職於總

▲ 1933年的畢業生合影，潘貫正是這屆的畢業生。

督府研究所，1922年轉任中央研究所工業部部長，1929年起擔任台北帝大理農學部講座教授。

除了加福均三之外，助教授野副鐵男也頗富盛名，其最著名的是研究台灣紅檜精

▲ 野副鐵男。

▲ 加福均三與野副鐵男發表的論文。

▲ 化學家潘貫日治時因家庭因素返回故鄉台南任教,至戰後又回到母校台大化學系任教。

▲ 化學系學生於實驗室工作的情景。

油,發現「紅檜醇」特殊化學結構,他曾獲得諾貝爾化學獎提名。戰後因不願意研究停止遂被留用。期間,開創了「非苯類」芳環化學研究的新領域。對於台灣而言,有機化學講座最為重要的是培養出台籍學生林耀堂、劉盛烈、葉炳遠等人,他們都經這兩人指導過。劉盛烈在1945年獲得理學博士學位,也是台灣首位理學博士。戰後他們3人皆進入台大化學系任教。

至於理論及無機化學講座則培養出化學家潘貫。該講座教授松野吉松原任教於東京帝大理化學研究所,來台後研究有機化合物的拉曼光譜。印度科學家拉曼發現一定波長的單光若照射到純粹分子時就會分散,並放出另一波長不同的新光線,原來的照射光和新生光的波長有變化,這種變化與分子的旋轉及振動有關係,這種現象叫做拉曼效應(Raman Effect)。這對當時的科學界是極為新鮮的事,可說開啟了物理化學全新的研究領域,不但帶動了光學儀器的研發,更被運用在測定各種物質的物理化學特性。

潘貫跟隨松野吉松研究新興的拉曼光譜。在經過摸索、學習、測驗出多種有機化合物的拉曼效果後,有了頗佳的成果。直至戰後初期,潘貫任教台大化學系期間,仍運用最早裝設的拉曼光譜儀器,來從事鎢酸鹽複離子的研究。

總括來看台北帝大化學科對戰後台灣化學研究的影響:第一、因戰後初期台灣社會經濟條件不佳,學術研究環境困窘,帝大留下來的科學儀器可彌補某些不足,使研究、實驗得以持續。第二,帝大的「講座制」使學術研究有其自主性,並培養出了研究人才。戰後台灣有許多專門學術,正是在帝大的學術基礎上成長起來的。

【延伸閱讀】

➪ 台灣大學台灣研究社編，《台北帝國大學研究通訊（1）
  （2）》，1996，台灣大學台灣研究社。

➪ 台灣大學化學系編，《潘貫院士紀念輯》，1999，台灣大學
  化學系。

➪ 劉廣定，〈日據時期的台灣化學研究〉，《第五屆科學史研
  討會論文集》，1999。

➪ 劉廣定，〈日據時期的台灣詩人：化學家潘貫〉，《歷史月
  刊》122期，2000年10月號。

等路若送對，
跑路不驚人來追

武夷山名茶一包 **1**

福州肉乾兩公斤 **2**

大陸款西裝一套 **3**

蔬菜水果一整船 **4**

3^A 大陸款西裝一套

徐慶鐘在1936年時，隨著台灣農業考察團到中國福建交流訪問，並發表演講，
領隊的是他的老師磯永吉。全隊幾乎都是日籍人士，只有徐慶鐘是台灣人，且最年輕。
結束了一個多月的考察後，徐慶鐘不免也要買些紀念品回家。那時福建最有名的特產就是
「三把刀」──剃頭刀、菜刀、裁縫剪刀，也就是說福建的裁縫很出名。
因此徐慶鐘在當地訂做了一套大陸款式的西裝帶回台灣。但這套衣服他始終沒穿過，
最後送給了小舅子黃永傳。
1947年在二二八事件發生後的清鄉運動中，黃永傳穿著這套大陸款西裝，四處尋求避難所。
由於他身穿這件大陸款西裝，讓前來鎮壓的軍隊誤以為他是外省人，而在亂事中保住了生命。

台灣第一位農業博士——徐慶鐘

1907~1996

徐慶鐘發表在《台灣農事報》上有關的黃麻研究的論文。

徐慶鐘肖像。

什麼是「鐘麻」？這個讓多數人覺得陌生的植物，其實是早年台灣社會用途廣泛，也極為重要的農業作物，適用於造紙、紡織或製成袋子。它本來不是台灣的作物，後來是經過農業專家徐慶鐘的努力培育和研究，才把這種類似黃麻，卻比黃麻省水、省肥料的植物，成功地引進台灣。因它的花形似鐘，而且為了紀念徐慶鐘的成就，因此被命為「鐘麻」。

台灣第一位農業博士徐慶鐘，1907年出生在台北艋舺，從小沈默寡言，但課業上表現優異，求學過程中幾乎年年第一名。1928年時，他考進當時台灣最高學府——台北帝國大學理農學部就讀，是日治時期少數進入帝大農科就讀的台籍人士。畢業後，徐慶鐘留校擔任助教，同時也負責台灣總督府農業試驗所的試驗工作。不

到30歲的他，早已因農業研究上的成就而備受肯定。

1936年時，中國福建省政府邀請日籍農業專家至福建考察，徐慶鐘也名列其中，且為考察團中最年輕者。1941年時，徐慶鐘以〈台灣農作物栽培季節之特異性的研究〉論文，獲得台北帝大農學博士學位，成為台灣首位農學博士。他的論文對台灣稻作的期作性有深入研究，成果更成為日後台灣農耕隊至世界各地栽種的重要參考資料之一。

戰前，徐慶鐘成功地解決「在來米」與小麥在台灣栽植的問題、荔枝的育種栽培、鐘麻的推廣栽培等問題，在新興作物育種上也頗有突破。由於專注於研究，使得徐慶鐘的個性益加沈穩，凡事深思，也

1966年6月，徐慶鐘（右）自連震東手中交接內政部長印信，中為監交人政務委員田炯錦。

徐慶鐘（右）與蔣經國於1978年4月28日行政院慶生會合影。

不善應酬。

二次大戰後，徐慶鐘的農業專長受到國民政府重視。1947年當台灣省政府成立時，他先後被派任為省農林處處長、農林廳廳長，主導了戰後初期台灣的農業政策。他一面整理日治時期遺留下來的農林機構，重新制訂農政制度；一面也努力增進農業生產，使得糧食生產增加。往後，他更歷任了內政部長、行政院副院長等職務。

雖然忙碌於政務，但徐慶鐘並未忘卻學術的研究。暇餘，他不僅致力於台灣的農業研究，先後發表過不少論文，同時也關心世界各國的農業發展經濟。他的著作包括有《台灣農業基本政策的研究》、《台灣農業經營的研究》等；研究範圍則從日治時期以農業研究為主，戰後擴充到國家經濟與農業相關性等課題。

1996年3月徐慶鐘因病去世，享年90歲。他的一生，正是一部台灣的當代農業發展史。

台灣

發行人：王阿舍　發行所：遠流舊聞社

舊聞提要
1.我與美政府於24日同時宣佈美國國務卿下月3日訪台的訊息。
2.本省戶政會議於28日在台

▲ 會期10日、討論台灣農業發展對其他國家可適性的亞洲7國農業發展會議現場。

▲ 早年的農復會委員集會。左起為秘書長蔣彥士、委員沈宗翰、菲平、中為主任委員蔣夢麟，委員戴維斯、錢天鶴。後來沈宗翰接繼蔣夢麟成為主任委員。

中舉行。

3. 查良鑑於昨日出任最高法院院長。

4. 亞洲農業發展會議昨日舉行閉幕典禮，副總統嚴家淦應邀致詞。

讀報天氣：陰有雨

被遺忘指數：●●●

亞洲7國農業發展會議
討論台灣近年農業議題

【本報訊】亞洲7國農業發展會議自20日起，於台北市中國農村復興委員會（簡稱「農復會」），舉行為期10日的討論。參加會議者除本國學者外，還有菲律賓、韓國、越南、泰國、馬來西亞、土耳其以及美國國際開發總署官員。

　　本次會議主題為「1948～1963年26個發展中國家之農業」，並特別以台灣近年來的農業發展為討論重點。會議中，農復會主委沈宗翰提出了台灣農業的發展策略，主要為增加糧食生產、增加農產品外銷數量與種類，並增加農民就業機會與改善農民生活等等。這些議題引起了與會人員熱烈討論。

　　自17世紀以來，台灣一直以農業為最主要的產業。日治時期台灣總督府十分重視糖、茶、樟腦等經濟作物的生產，不過米仍是重要的出口物。

二次大戰後，國民政府遷台，因人口驟增，糧食問題成為政府關切的重點。於是委由農復會（1948年依據中美兩國所簽經濟合作協定而於南京成立）擔負起協助台灣農業發展的重任。在1950年代，台灣經濟發展的策略是「農業支持工業，工業培養農業」。擁有優秀中外農業專家群的「農復會」，於是提供資金和生產技術，大力推動土地改革、改組農會、興修水利、改進農村衛生等等。

　　現任農復會主委沈宗翰1895年出生於浙

▲ 日治時期台灣農家收割稻穀的情形。

▲ 日治時期的台北農業試驗場。

▲ 從產業、研究甚至到協助農會改善業務經營，
只要對農業有益者，皆在農復會工作範圍中。

▲ 農民閱覽農地重劃計畫的公告。

▲ 台灣省實物土地債券。

▲ 耕者有其田的宣傳海報。

江農家，他深刻體會到農民的辛苦，因此致力改善農民的生活。他在3年前接任蔣夢麟遺下的主委一職後，即推動台灣的農業發展。他頗具遠見，因而受到同僚的敬重。他的部下曾這麼形容他：「他最難得的就是從政策、計畫及落實到農村三個層面都參與，所以台灣兩百多個的鄉鎮他全都下鄉去考察、去看，他可以說是農業界台灣經濟發展上了不起的人。」沈宗瀚也說過：「給作物好的環境，作物自己會長好的」。這樣的理念，使他不僅著眼在農業栽培，更致力於加強農民的知識教育。

台灣的農業人才除了沈主委之外，本月新上任的內政部長徐慶鐘也是著名的農業專家。徐部長在台灣出生，對台灣農業了解極深入，且自基層單位做起，擔任過農林處、

農林廳等單位首長。兩大農業悍將，雖一人在中央一人在地方，卻已攜手合作，為台灣農業發展貢獻良多。

昨日，副總統嚴家淦於閉幕典禮致詞中指出，台灣農業發展成功因素，在於土地改革成功以及健全的農會組織。其所指的土地改革政策，包括了1949年實施三七五減租以解決租佃問題；1951年至65年間實施公地放領；1953年1月公佈「耕者有其田條例」；1958年試行農地重劃等等。以上土地政策，影響台灣農業甚鉅。

此外，據聞政府也正積極爭取全亞洲第一個國際性農業研究中心「亞洲蔬菜研究發展中心」在台設立。相信以農復會過往的傑出成績，必能爭取成功。

徐慶鐘年表

1907~1996

1907
●8月27日於台北艋舺出生。

1915
●進艋舺公學校就讀。

1925
●原就讀台北州立第一中學,因成績優異,被保送進台灣總督府高等學校理科就讀。

1928
●4月,考進台北帝國大學理農學部。

1931
●畢業,留校任助教,同時負責台灣總督府農業試驗所試驗研究工作。

1936
●獲邀參加赴中國的農業考察團,為該團唯一台籍人士。

1937
●與黃珍女士訂親。

1941
●獲台北帝大農學博士學位。

1947
●奉派擔任台灣省政府農林處處長。2年後因農林處升格,成為農林廳廳長。

1955
●出任中國國民黨中央委員會副秘書長。

1966
●出任行政院政務委員兼內政部長。

1972
●出任行政院副院長。

1996
●3月13日去世,享年90歲。

【延伸閱讀】

◇徐慶鐘先生周甲紀念籌備會編,《徐慶鐘先生周甲紀念論文集》,1967,徐慶鐘先生周甲紀念籌備會編印。

◇黃俊傑編著,《沈宗瀚先生年譜》,1990,巨流。

◇秦賢次,〈台灣農業發展的擘畫者〉,《台北人物誌》,2000,台北市政府新聞處。

敢說敢做，誰怕誰啊！

Q 國際知名物理學家吳大猷生平最得意的事情之一，
是反對軍方哪一項計畫 **?**

1　反攻大陸A計畫

2　海軍潛艇採購計畫

3　發展核彈計畫

4　三軍加薪總動員

3^A 發展核彈計畫

胡適（右）與吳大猷。

吳大猷是個心思坦蕩、又快言快語的人。

也因此有不少人說他愛罵人，是一個「有罵無類」的「超級大砲」。

1960年代台灣國防的主事者曾經規畫了一項原子彈製造計畫，沒想到卻遭到吳大猷的砲轟。

他當著蔣介石、蔣經國和國防部副部長面前直陳其非，

說：「那些寫計畫的人，他們的原子彈知識都是從讀者文摘上抄來的。

而且造了原子彈以後要到哪兒去試爆？去炸何人？」

蔣介石雖未必全聽信他的，但這一來，他卻成為軍方的眼中釘，甚至有人罵他是「漢奸」。

事後，他上書詳細剖析，「有人才能有彈」，培養人才是國防科技的第一要務，

不然以政府的條件是造不出原子彈來的。蔣介石欣然接受他的建議，挑選人才赴美進修。

戰後台灣科學發展的領航人——
吳大猷
1907~2000

被尊稱為「中國物理學之父」的吳大猷，也有人叫他「科學怪老子」或「老頑童」。這些稱號，前者反映出他的學術地位和貢獻，而後兩者則鮮活地點出了他的性格。

吳大猷於1907年出生於廣州，祖父和父親是清朝的進士和舉人，可說出身書香世家。他自天津南開大學畢業兩年後，獲得推薦至美求學，1933年獲得密西根大學博士學位，論文〈最重元素的低能態〉是和葛德斯密（S. A. Goudsmit）合寫的，探討原子裂變問題，在量子力學剛開始發展之際，表現出極高的創見。

1934年返回中國後，他先在北京大學教書；1938年因抗日戰爭而轉任於西南聯大物理系。1941年吳大猷在西南聯大開高等物理課程，聽課學生包

1955年，物理大師狄拉克（左）至加拿大國家研究院，中立為吳大猷，右為赫柏格。

1992年吳大猷（右）與中國科學界前輩周培源於北京合影。

括楊振寧和李政道兩人。在戰亂的環境中，他寫下了《多原分子振動光譜和結構》一書，是當時分子物理學的權威著作。

1946年，吳大猷接受母校密西根大學邀請，前往美國擔任客座教授。此後他活躍於美、加的各大學，研究領域並擴及核物理、等離子體物理、散射理論、統計物理、天文和大氣物理等二次戰後物理學的發展新方向，他在這些領域都有重要的研究及專書發表。

吳大猷與台灣學術界發生關連，始於1956年。這年，他首次訪問台灣，並在台灣大學授課，其後由於他的積極建言，影響台灣科學發展至鉅。翌年中央研究院舉行遷台後的首次院士會議，吳大猷身為1948年中研院第1屆院士，建議政府應制定長期的學術發展計畫。經胡適院長的推動，同年政府成立「國家長期科學發展委員會」（簡稱「長科會」）。

1962年胡適過世，蔣夢麟轉達蔣介石總統之意，邀請他接任中研院院長，但被婉拒。1967年他應邀回台擔任「科學發展指導委員會」主任委員，又建議成立「國家科學委員會」（簡稱「國科會」）。翌年國

吳大猷與義女攝於台北市廣州街家中。

科會獲准成立，他則成為主任委員。在兼任國科會主委期間，他主張國科會應該繼承胡適在長科會的傳統，將人文及應用科學都包括在內。

1978年吳大猷返台定居，並於1983年11月正式擔任中研院院長，至1994年為止。在院長任內，他積極擴大中研院與大學之間的學術合作，先後增設7個研究所，並在各研究所設立「學術諮詢委員會」。另外，他還修改組織法，建立嚴格的聘任、續聘及升等辦法，並設置「特聘研究員」職位，以便延攬傑出科學家回國服務。他對於維護台灣在國際學術組織的地位也多所貢獻。1982年他出席國際科學理事會，達成中國大陸入會而台灣仍保留會籍及投票權的艱鉅任務。

吳大猷著作豐碩，論文達百餘篇，在近代物理學家中專著最多。重要論著有《多原分子振動光譜及結構》、《量子力學散射論》、《氣體及電離體方程式》、《狹義及廣義相對論》、《近代物理學的基礎》、《古典動力學》等中英文書。

自中研院退休後，2000年3月4日吳大猷病逝於台大醫院，享年95歲。

▲吳大猷逝世1周年，吳大猷紀念館啟用典禮的相關報導。

月初起展開徵件，預計在7月間公佈得獎者。
3. 吳大猷紀念館啓用典禮，由中研院院長李遠哲主持，來賓參觀館內收藏，緬懷過世周年的物理學大師。
4. 雲林斗六舉辦「第6屆大花鼓節：鬥陣弄花鼓」將自本月10日起揭開序幕。

讀報天氣：陰有雨
被遺忘指數：●●●

▲1992年，李政道（後推輪椅者）與吳大猷赴中國進行學術訪問。

吳大猷紀念館啓用
追思其對台灣科學教育的貢獻

【本報訊】中央研究院為紀念已故院長吳大猷逝世1周年，本日上午10時於物理研究所舉行「大猷館」揭碑儀式與「吳大猷紀念館」啓用典禮。紀念館啓用典禮由現任院長李遠哲主持，地點選定在物理所4樓。典禮後，來賓魚貫參觀館內收藏的吳大猷先生照片、信函、個人用品等等，藉此追思一代物理學大師的風采。

▲吳大猷與李政道（右）、楊振寧（左）。

　　1983年出任中研院院長的吳大猷，是世界知名的物理學者，諾貝爾物理學獎得主楊振寧和李政道都曾是他在西南聯大的學生。

　　楊振寧在1957年10月31日被通知與李政道獲得諾貝爾物理學獎，隨即寫信給恩師吳大猷，表達由衷的謝意，感謝吳大猷在1942年引導他進入「對稱原理與群論」這個領域，後來他的研究大部分是直接或間接得益於當時所學到的概念。

　　吳大猷對於被楊振寧、李政道視為恩師，則謙遜地說：「國人常提及二人為我的學生，並以李與我的機遇傳為美談。實則我不過適逢其會，在那時那地遇了他們而已。譬若兩粒鑽石，不管放在哪裡，終還是鑽石。」

然而，若從他們兩人獲獎時不約而同寫信給他的這件事看來，吳大猷是過謙了。1930年代他將當時最新的量子力學引介到中國來，確實產生極大影響力，而在他任教的十餘年

▲ 1964年吳大猷於清華大學暑期科學研討會講課。

之間更培養許多傑出的中國科學人才。

1949年國民黨政府撤退來台，吳大猷對科學教育的影響也轉向台灣。當年胡適向總統蔣介石引薦吳大猷回國工作，曾形容說，五四後中國發展需要「德先生」（Democracy）與「賽先生」（Science）；他本人可以致力於哲學思想的更新，為中國鋪下「德先生」的路，但如果台灣要「賽先生」，就必須由另一個人來做，那就是吳大猷。

吳大猷對於台灣科學發展的最大貢獻，是培養出許多科技人才。他曾向總統爭取開放學生出國留學，為台灣培植許多國際人才；特別是在重視國防等應用科技發展的當時，吳大猷堅持向政府爭取發展基礎科學教育，影響了台灣科學的走向。

吳大猷首次返台任教是在1956年。他應胡適之邀，在台灣大學與清華大學的原子科學研究所講授古典力學、量子力學及流體力學等課程。為了提高學生對物理的興趣與求知慾，所有講義都是由他自己用英文編寫而成的。在為時約5個月的授課期間，聽課人數創下戰後以來台大物理系的記錄。

1974年起，他應幾位物理系教授邀請至清大、台大、交大等校授課，直到1988年因嚴重心肌梗塞才停止固定授課，但仍為台灣學子的科學教育孜孜不倦地努力著。1997年，清華大學頒授名譽理學博士學位給他及他的學生李政道，即在感佩他對於台灣科學發展與教育的努力。

他在2001年過世後，國內以舉辦「吳大猷科學營」等方式，延續吳大猷對科學教育的熱忱，期許培養更多的科學家來。

▲ 1994年新舊任中央研究院院長交接典禮，左為李遠哲，中為吳大猷。

▲「吳大猷科學營」會場，布置了數面吳大猷立像，藉此懷想大師身影。

▲ 首屆吳大猷科學營，朱棣文教授正在上課。

1907
●9月29日出生，為廣東省高要縣人。父親吳國基為1901年舉人，祖父吳桂丹為1889年進士，吳桂丹曾任1891年翰林院編修。

1911
●5歲時父親因關外大疫過世，他隨母親回到廣東。

1915
●入番禺縣立兩等小學，畢業後考進廣府中學。

1921
●隨伯父到天津，入南開中學就讀。

1925
●考進南開大學礦科，翌年因礦科停辦而轉入理科物理系就讀。

1929
●南開大學畢業、留校任教員。

1931
●春季獲得研究獎助金，前往美國密西根大學研究。

1932
●獲美國密西根大學碩士學位。

1933
●2年內修完博士課程，獲得美國密西根大學博士。

1934~1946
●出任北京大學教授。二次大戰時隨校遷至重慶，擔任由北大、清大與南開大學三校成立的西南聯大物理系教授。

1946~1948
●擔任美國密西根大學訪問教授。
●擔任美國紐約大學訪問教授。
●任美國哥倫比亞大學研究員。
●當選第1屆中央研究院院士。

1949~1963
●出任加拿大國家研究院理論物理組主任。

1956~1957
●返台擔任台灣大學及清華大學訪問教授。

1963
●擔任台灣中央研究院物理研究所所長至1976年。2年後出任美國紐約州立大學教授兼物理系主任。

1983~1994
●擔任中央研究院院長，至1994年退休。

2000
●3月4日逝世，享年95歲。

【延伸閱讀】
➪ 賴樹明，《真言：吳大猷傳》，1999，木棉。
➪ 中華民國物理學會編，《典範永存：吳大猷先生紀念文集》，2001，遠流。
➪ 邱宏義，《中國物理學之父：吳大猷》，2001，智庫。

辯就是變
煩惱一辯就變不見

當了近10年「辯護士」的戴炎輝，
為什麼他的事務所生意總是不太好？

1 收費昂貴
嚇死人

2 請他辯護
總是輸

3 客戶上門
常挨罵

4 地痞流氓
搞破壞

3 A
客戶上門
常挨罵

日治時代，由於殖民政府實施不平等的教育政策，
台灣人要在台灣本地接受高等教育的機會不多，於是很多本土菁英多半選擇到海外留學。
當時留日學生多半攻讀醫學、法政、商業或經濟等科目。1920年代後，這些留學生
逐漸成為社會領導階層的核心，醫師、辯護士（律師）、教師則成為台灣社會敬重的職業。
戴炎輝自東京帝國大學法學部法律學科畢業後，也取得日本高等文官司法科任用資格，
他原可憑此資格「進軍」日本官場，卻因志不在此，寧可返台在高雄掛牌執業，
以便協助弱勢、伸張正義。通常，律師難免會因酬金而替違法犯紀者辯護，但戴炎輝卻不肯。
他對作姦犯科的客戶常常當面先痛罵一頓，因此也就失去不少客戶。

精研法制史的權威──
戴炎輝
1909 ~1992

戴炎輝肖像。

1978年的5月20日，戴炎輝以司法院院長的身分，在蔣經國總統就職宣示典禮上代表監誓人。他是第一位擔任這個榮譽職務的台籍人士。

戴炎輝，1909（明治42）年出生於南台灣的屏東。父親戴鳳倚在日治時期雖曾擔任保正，卻堅持子女要接受漢學教育，因此戴炎輝幼年不但接受了殖民體制的學校教育，也進私塾習讀四書五經。14歲時他自屏東公學校畢業，考入高雄州立中學，中學時代他認真自修漢學，對他日後從事中國法制史研究有莫大的助益。

由於成績優異，他中學只讀完4年，就獲得保送台北高等學校的機會。本來，戴父期望他攻讀醫科，但獨鍾文史的他竟棄理科而選文科。畢業後，獲得姻親長輩鄭清廉的經濟奧援，負笈東瀛，考進人人稱羨的東京帝國大學法學部法律科。1933年3月畢業後，他繼續在法學部大學院（即研究所）深造，跟隨日本法制史的泰斗中田薰研究法制史。早年奠定的漢學基礎，使他得以在中國法制史的領域如魚得水。

1936年，戴炎輝考取日本高等文官司法科任用資格後，返台在高雄掛牌執業律師，直到日本戰

戰後從事法制史的戴炎輝，曾任司法院長，也曾是誨人不倦的良師。

敗、政權轉移後，1946年他進入台灣大學法律系任教，主授民法親屬、民法繼承及中國法制史等課程。戴炎輝曾說：「我的學術生涯是從光復後才開始的。」除了教學，他還籌組「中國法制史學會」，提倡研究風氣；此外他也參與台灣民事習慣調查，更花費心力整理清代台灣府縣現存的官方檔案「淡新檔案」、鑽研台灣法制史；《清代台灣之鄉治》便是他的力作。

1955年及1957年，戴炎輝先後出版了《中國親屬法》和《中國繼承法》。這兩本著作將民法第4編與第5編的內容，以歷史方法和比較法的觀點予以分析，兼顧理論和實務，往後成了大學法律系教科書之一。之後，他又出版了許多重要著作，包括《唐律通論》；此書深入研究中國重要律典，立論深刻，讓他在1962年獲得東京大學法學博士學位，此書也成為台灣法學界的經典之作。

1971年7月，人稱「台灣法學界泰斗」的戴炎輝獲提名為司法院大法官，1977年4月成為第一位當上司法院院長的台灣人。兩年後他辭去院長職位，再回到台大法律研究所任教。晚年，戴炎輝因罹患帕金森氏症不良於行，才停止兼課。1992年7月3日病逝，享年84歲。

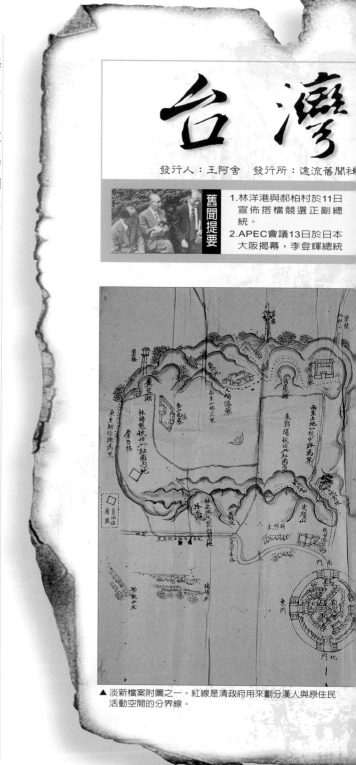

發行人：王阿舍　發行所：遠流舊聞社

舊聞提要

1. 林洋港與郝柏村於11日宣佈搭檔競選正副總統。
2. APEC會議13日於日本大阪揭幕，李登輝總統

▲ 淡新檔案附圖之一。紅線是清政府用來劃分漢人與原住民活動空間的分界線。

歷史報

1995年11月6日 穿越時空 獨漏舊聞

指派辜振甫與會。
3. 曾經轟動一時的國票百億元偽造票券案於 15日偵結，起訴26人。
4. 台灣大學今日校慶，並出版台灣重要文獻「淡新檔案」，深受學界矚目。

讀報天氣：陰有雨
被遺忘指數：●●

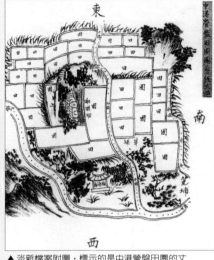

▲ 淡新檔案附圖，標示的是中港營盤田園的丈量位置。

台大校慶特別獻禮「淡新檔案」出版

【本報訊】台灣大學於昨日舉辦校慶，場面熱絡。本屆校慶的重頭戲，乃是將國寶級、甚至可說是世界級的「淡新檔案」付梓出版，讓今年的校慶顯得特別又深具意義。

據台大校方表示，這批被日本人稱為「台灣文書」的「淡新檔案」，是1776（清乾隆41）年至1895（光緒21）年間，淡水廳、台北府及新竹縣的行政與司法檔案。這些官方檔案在日本治台後，由新竹地方法院承接，轉送至覆審法院（即高等法院），再由覆審法院轉贈台北帝國大學文政學部存留，以待學術研究之用。然而，歷經整個日治期間，卻少有學者加以利用，更別說將其系統化整理了，幾乎可說是任其荒廢閒置。

戰後，這批檔案轉由台大接管，並移送法學院保管。在一次偶然間，法律系教授戴炎輝發現了這批已遭蟲蛀風漬的資料，便邀法學院同仁陳棋炎及助理共同修補整理。自1947年開始，這批檔案由戴教授命名與主持整理工作。凡有破損的便設法貼補，蟲蝕的則考證其他文獻重新填入，並以卡片做成目

▲ 整理淡新檔案頗有貢獻的戴炎輝（右）與地質學者林朝棨（中）合影。

▲ 台北帝國大學，是日治時期台灣教育的最高學府。

▲ 台灣銀行經濟研究室所刊行《淡新檔案選錄行政編
初集》。

錄。他將「淡新檔案」內的文件分為行政、民事及刑事三編，再次分為民事、刑事、行政、訴訟裁判書等類別，共計1,163案、19,321件。其中以行政編最多，年代則以光緒年間最多。這批檔案的整理，前後耗時長達6年，終使原先殘破零散的檔案獲得維護與整理。

據學界人士指出，1971年戴炎輝曾經將整理出來的部分資料，交由台灣銀行經濟研究室刊行《淡新檔案選錄行政編初集》，因而受到學界矚目。因為「淡新檔案」在現存的清代台灣省、府、州、縣廳署檔案中，是最具規模且完整的，可說是18至19世紀台灣北部社會經濟史的重要史料。檔案中收錄有清代台灣的行政、司法、經濟、社會、農業等

極有價值的第一手資料，對研究台灣法制、地方行政、社會經濟等，皆深具學術價值。此外，它也是瞭解傳統中國法律制度與司法審判的重要憑藉，可說是世界著名的傳統中國縣級檔案之一。

這些碩果僅存又如此完整龐大的地方衙門檔案，美國華盛頓大學早在1968年就設法以福特基金會之資助，邀請戴炎輝前往講學1年，並率領一個研究小組在該校就該檔案進行整理研究，可見這個檔案的珍貴性。

台大圖書館表示，1986年時戴教授將整理後的「淡新檔案」全部檔案原件及33捲微捲移交該館特藏組珍藏。如今，校方終將檔案付梓出版，相信將能裨益更多有志於此的研究者。

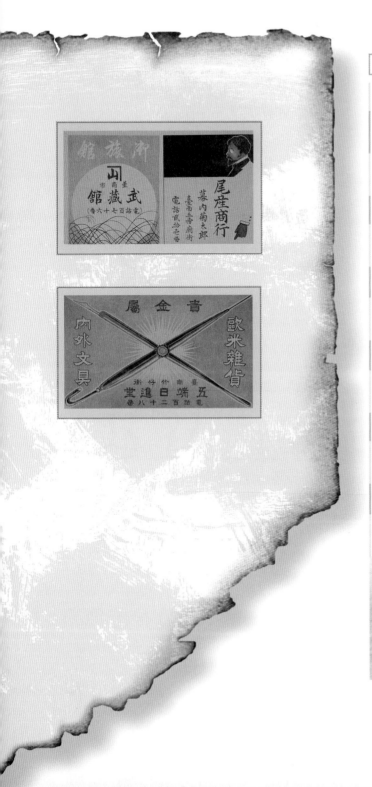

戴炎輝年表
1909~1992

1909
●11月28日出生在屏東里港。

1923
●3月，屏東公學校畢業，後考入高雄州立中學念了4年，即因表現傑出保送台北高等學校。

1930
●3月，台北高等學校畢業，獲得經濟資助，考進東京帝國大學。

1933
●3月，自東京帝國大學法學部法律科畢業。

1936
●考取日本高等文官司法科任用資格。返台開始擔任律師至1945年。

1945
●11月，擔任高雄地方法院推事。

1946
●10月，受聘至台灣大學法律系擔任副教授，定居台北。

1962
●以《唐律通論》獲得東京大學法學博士學位。

1971
●7月，擔任司法院第3屆大法官。翌年，擔任司法院副院長。

1977
●4月，升任司法院院長。

1979
●辭卻司法院院長職位，任總統府資政。
●回到台大法律研究所兼課。

1992
●7月3日病逝。

【延伸閱讀】
⇨ 戴炎輝，《清代台灣之鄉治》，1979，聯經。
⇨ 楊日然，〈敬悼戴故名譽教授炎輝先生〉，《國立台灣大學法學論叢》，第21卷第2期，1992，台灣大學法律學系。
⇨ 莊永明，《台北市文化人物略傳》，1997，台北市文獻委員會。
⇨ 秦賢次，〈台灣法學界泰斗戴炎輝〉，《台北人物誌》，2000，台北市政府新聞處。

管伊天頂抑是土腳，
攏總向前行

Q 成績優異的林朝棨本來可以考上醫科，但他卻選了超冷門的「土腳」系，
這是什麼樣的科系 **?**

1 研究土角厝
怎麼蓋的科系

2 研究地裡寶藏
怎麼挖的科系

3 研究土地分幾層的科系

4 研究農夫為何得
香港腳的科系

3^A 研究土地分幾層的科系

1929年，就讀台北高等學校2年級的林朝棨。

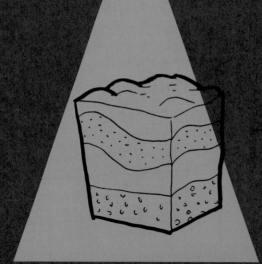

1931 年林朝棨考進台北帝國大學時，正好該校理農學部設置了「地質古生物學科」，
僅招收他一人，他因此成為台灣第一位研究地質學的學生。其實林朝棨成績優異，
原本可以學醫，但他卻選擇了大家聽都沒聽過的地質學，因此大家都很好奇這個科系是在幹麼的，
後來他的親友乾脆說他是研究「土腳」（台語「地面」）的，比較容易理解。
學生雖然只有他一個，但教師陣容卻很堅強，如研究地層的早坂一郎、市川一雄、牧山鶴彥等，
還有研究古生物學的丹桂之助，研究地形學的富田芳郎等。
在這些老師教導下，林朝棨奠定了深厚的學術基礎。

台灣第一位地質學家——林朝棨

1910~1985

林朝棨在1937年時，攜眷赴滿洲帝國首都新京（長春）的新京工業大學任教，與家人合影。

林朝棨出生於台中豐原一個信仰基督教的望族。在他就讀台北高等學校時就立志研究地質學，因為他深信地質學有助於資源開發。1931年林朝棨進入台北帝國大學理農學部剛成立的地質古生物學科，成為這科唯一的學生，接受早坂一郎、富田芳郎、丹桂之助等多位名師的教導。

由於這些老師都很重視野外調查，因此，林朝棨除了上課之外，還必須跟著老師從事田野工作。課堂與田野工作並重的研究和教學，影響他爾後的發展方向。1933年林朝棨在《台灣地學記事》發表第一篇學術論文〈台灣產哺乳類化石的產生狀態研究〉，從此奠定他一生的研究旨趣。畢業後，他先留校擔任助教，翌年於台陽礦業擔任地質師，從事瑞芳金礦及中央山脈油田地質探勘、河川地質探勘工作，隔年更被派遣至北朝鮮考察金礦。當時他所寫有關金礦的文章如〈瑞芳金山礦床〉、〈台灣的金〉等數篇文稿，至今仍是學界重要的參考文獻。

1937年中日戰爭爆發後，日本海軍省徵調研究地質學者，他的老師因而協助他前往滿洲國首都「新京」（長春）任教，以避開軍部的徵調。2年後他轉赴北京任教。由於他出身台北帝大，當時占領北京的日本軍方十分尊重他，他得以掩護、幫助不少淪陷區的抗日分子。

二次大戰結束後，林朝棨於1946年7月返台，在台灣大學地質系任教。1949年被借調至台灣省建設廳任職，協助台電總工程師孫運璿設計埔里、霧社、萬大等發電用水壩，調查油氣層地質與煤田地質，並解決有關工程地質的問題。

林朝棨在地質學上最大的成就，是對於「台灣第四紀地質」的研究。1963年他完成〈台灣之第四紀〉論文，1967年以此獲得日本東北大學理學博士學位。由於他興趣廣泛，因此在第四紀及古生物研究的相關學科——考古學和貝類學的研究上，

都有重要的論述與發現。

1968年他帶領地質系學生在台東縣長濱鄉進行地質調查，發現八仙洞洞穴堆積

經年累月從事田野調查的林朝棨（右2）曾說：「泥土是有感情的，很容易親近。」這說明了他對地質的深刻情感。

物含有舊石器時代的文化層，經全面挖掘採集，成為台灣首次發現的舊石器文化遺址。此外，許多重要的新石器時代遺址如十三行（台北縣八里鄉）、番仔園（台中縣）、鵝鑾鼻等也是林朝棨發現的。此外他也成為世界上第一個觀察到活化石「龍宮貝」生態的學者。

林朝棨對台灣地質學界最大貢獻，是在他退休前所編的《台灣地形》、《台灣地質》，以及《中山自然科學大辭典》中《地質學》一冊；前兩本是集大成的著作，總括六、七十年來台灣地質學的研究成果，辭典則是地質科學中最重要的著作。

林朝棨任教台大共30年，造就無數台灣本土的地質學和考古學人才，退休後，仍忙於研究工作；他以10年時間，在腿部風溼的疾病困擾下，仍奮力完成33篇論文。1985年7月4日病逝，享年76歲。

台灣

發行人：王阿舍　發行所：遠流舊聞社

舊聞提要

1.政府於13日宣佈與沙烏地阿拉伯訂約，明年起沙國每年售我原油3萬桶。

臺灣地質圖

▲ 日治時期的台灣地質圖。依圖中標示，可知台灣西半部多屬「第四紀」。

2.台灣大學於今日舉行30周年校慶。
3.我國政府於今日宣佈開闢中東定期航線。
4.14歲小棋王王銘琬將於18日赴日本深造。

讀報天氣：陰有雨
被遺忘指數：●●

台灣第四紀之父 林朝棨研究成果驚人

【本報訊】台灣大學於今日上午起，舉行慶祝30周年（以1945年為起算點）校慶，校內有多種活動同步舉辦，人潮往來十分熱鬧。圖書館則以舉辦台大教職員的著作展覽，來讓學生家長認識教師在專業上的累積。其中，最令人嘆為觀止的是地質系教授林朝棨的著作，裝訂成冊，排列約1公尺餘長。

這次展出的林朝棨教授著作，總計成書的有40多部，專業論文則有150多篇，中、英、日文都有。就地質方面而言，包括古生物、地層、礦床地質、工程地質，兼及考古學及貝類等專著；此外，還有他在報章雜誌上發表的通俗性文章，這些對推廣一般社會大眾認識地質，助益良多。

林朝棨是國內最著名的地質學者，他畢生最大的成就是研究「台灣第四紀地質」。早在1960年代，他就拋棄石油、金礦等經濟地質的研究，而走入第四紀的研究，眼光十分獨到。「第四紀地質」可稱得上是地球歷史

▲ 1969年6月，以「第四紀」為題發表演講的林朝棨。

上最重要的時期，大約180萬年前，地球即進入了第四紀至今。這時期地球氣候變化劇烈，而冰河作用和海平面變化形成陸橋，使陸生哺乳動物可以跨越海洋的限制，擴大了生存的版圖。因此，藉由研究地層沉積物，即可推斷第四紀冰河作用的形成與發展；而研究化石，可得知生物群的發展、分佈、遷徙、適應與滅絕等等重要演化歷程。

這即是林朝棨曾經說過，第四紀地質與

▲ 林朝棨（後排左4）與參與田野工作的學生、原住民合影。

▲ 林朝棨（左）與台大教授宋文薰，於八仙洞前合影。

▲ 林朝棨在1968年帶領學生到台東縣長濱鄉進行地質調查，發現八仙洞的舊石器時代遺址。

人類的關係最深，因為現今人類聚居的場所大部分在第四紀地層上，生活材料皆仰賴於此，而一切經濟及政治活動，也莫不受到第四紀地層現象的影響。

在研究方法上，林朝棨利用「碳十四定年資料」來建立各地層序，並進而探討新構造運動。他將台灣的第四紀地質與世界其他同期地質作對比，奠定了台灣在第四紀地質的研究基礎。台灣師範大學地理系石再添教授因此推崇他為「台灣第四紀地質之父」。

不過，林朝棨也指出：「70年來台灣的地層研究雖頗有成就，但因第四紀的地層分佈零散，而且對於經濟開發貢獻亦極為輕微，未能引起專家的重視，以致在研究上成為台灣地史研究的冷場」。這樣的感言，確實反映當時他在從事第四紀地質研究時的孤獨、不受重視感。

直到近十年來，由於全球氣象異常，讓大眾迫切感覺有必要對距離我們最近期的第四紀地質加強了解，它才逐漸成為國際地質學的研究主流。而就台灣地質學界而言，由於台灣處於地震帶，加上土地過度開發，山坡地災害頻仍，因此，深入了解第四紀地質也迫在眉睫。林朝棨開風氣之先，在1970年代就為這領域紮下深厚的研究基礎，如今觀來，格外令人敬佩與懷念。

林朝棨年表
1910~1985

1910
●5月26日生於台中豐原圳寮里。

1917
●入豐原公學校就讀。

1923
●考進台中州立第二中學。

1928
●進入台北高等學校理科乙類就讀。

1931
●考進台北帝國大學理農學部，選讀地質古生物學科。

1933
●在《台灣地學記事》發表第一篇學術論文〈台灣產
哺乳類化石的產生狀態研究〉。

1934
●自台北帝國大學畢業，留校擔任助教。同年與吳嫣媽
結婚。

1935
●任職「台陽礦業株式會社」地質師。翌年由台陽派遣
赴北朝鮮，考察金礦。

1937
●前往滿洲帝國首都「新京」（長春），任教於新京工業
大學。

1939
●轉赴北京，任教於北京大學和北京師範大學地質系。

1946
●7月返回台灣，任教於台灣大學地質系。

1949
●借調至台灣省建設廳任專員兼礦物科長達2年。

1957
●完成《台灣地形》初稿。

1963
●完成〈台灣之第四紀〉論文，奠定台灣第四紀地質的
研究基礎。

1968
●發現台東長濱八仙洞史前文化遺址。

1969
●以學術研究解開「龍宮貝」之謎，提昇台灣貝類協會
的國際地位。翌年創立「中華民國貝類學會」。

1977
●自台灣大學地質系退休。

1985
●7月4日逝世，享年76歲。

【延伸閱讀】
⇨ 劉益昌，〈台灣地質學的前輩——林朝棨〉，1990，《台灣
　　近代名人誌（五）》自立。
⇨ 林銘章，〈林朝棨小傳〉，《傳記文學》，1994年11月，
　　《傳記文學》月刊社。
⇨ 莊永明，〈地質先驅、抗日守護——林朝棨〉，《島國顯影
　　（三）》，1995，台美文化交流基金會。
⇨ 秦賢次，〈台灣第四紀之父——林朝棨〉，《台北人物
　　誌》，2000，台北市新聞處。

要當恩人，
就得這麼做……

1 幫他安排找到
名師指導

2 為他找到「錢多事少
離家近」的工作

3 替他提親說媒，
娶得美嬌娘

4 送他一個饅頭加蛋

4 _A 送他一個饅頭加蛋

曾天從與葉瓊玉的結婚照。

一

次大戰結束後，原於滿洲國奉天農業大學任教的曾天從，

帶著妻子，從東北一路經過山海關到達天津，準備搭船返回故鄉台灣。這趟旅程十分艱辛，

一共花了他83天才抵達目的，而且旅途中經常沒有東西吃，只能喝水止飢。

到了天津後，時任台灣同鄉會會長的吳三連來探望他們，並送給每人一個饅頭和蛋。

對已經好幾天未曾進食的曾天從而言，這簡直是救命的食物。

因此，除了台灣第一位哲學博士林茂生、曾任台大哲學系主任的洪耀勳外，

吳三連也是曾天從一生最感佩的人。

投入哲學研究的
台灣學人——
曾天從

1910~

台籍前輩學人之中投入哲學研究者相當罕見，投入之後猶能以建構精深宏偉體系為職志的更如鳳毛麟角。現為台大哲學系名譽教授的曾天從，無疑就是這股涓滴細流中的夙昔典型。

曾天從於1910年7月24日出生在台北新莊，父親曾紅毛是基督教長老教會的虔誠教徒，然而曾天從自幼就崇尚理性、重實學，所以長老教會於他的影響並不深，日後他反而更推崇佛教思想的深邃博大。

1924年曾天從自新莊公學校畢業後，考進台北第一中學校，而後負笈日本東京，就讀第一早稻田高等學院文科乙類（以德文為主科），1931年升入早稻田大學文學部德國文學專攻科，勤讀哥德

1978年11月22日曾天從夫婦合影。

（Goethe）、席勒（Schiller）等文豪的著作，並藉由德文觸探到哲學的奧祕，畢業論文〈純粹現實學序說〉就是他投身哲學研究的先聲。大學畢業後他暫時返台，以畢業論文為基礎精心撰寫《真理原理論》一書，1937年由東京理想社出版。當時，康德哲學的研究大家、東京帝大的桑木嚴翼教授還親為之序。後來桑木教授便推薦他進入東京帝大大學院西洋研究室擔任客座研究員。

1939年他和畢業於日本東京女子醫學專門

1939年4月，新婚的曾天從夫婦共遊日月潭。

學校的葉瓊玉結婚，2年後同赴東京。他進入早稻田大學文學部大學院專攻西洋哲學，受教於岩崎勉、桑木嚴翼和美學家金子馬治等人。1943年9月畢業後，旋赴中國東北（滿洲國），翌年6月擔任奉天農業大學教授。

往後因日本戰敗，居住於滿洲的台胞遂於1946年被當成戰敗國的難民遣送回台灣。這趟經錦州、山海關的撤退行程，一路飢渴難當，所幸到了天津後，獲得平津台灣同鄉會聯盟會長吳三連的接濟，才得以經青島、上海返歸台灣。返台之後他在

曾天從（後右）與心理系教授鄭發育（後左）、哲學系同事曹欽源（前左）、蘇維雄（前中）、洪耀勳（前右）出遊合影。

1946年10月出任台灣大學先修班教授（先修班主任為林茂生），爾後擔任台大哲學系教授，直至1978年退休。1986年被聘為台大哲學系名譽教授，現定居於桃園縣八德市。

深研康德（Immanuel Kant）及其後的哲學大家，又受到胡賽爾（Edmund Husserl）現象學方法論的啟迪，曾天從矢志於建構一套嚴密的哲學體系。他把哲學區分為思想性的哲學和學問性的哲學兩種。前者滿足情意的要求，後者重視知性的探勘。由於他更重視後者，所以通過馬克思（Karl Marx）的唯物辯證法、狄爾泰（Wilhelm Dilthey）的詮釋學，以及他最傾慕的尼古拉‧哈特曼（Nicolai Hartmann）的存在論，意欲以「現實存在論」為科學哲學的基礎，積極發展出包括宇宙論、物質論、生命論、意識論、精神論、文化論等範疇，並以其號「霄容」為名著述出版「現實存在論」共六書。而後，他繼續發展時空論和論理論，但到了撰寫數理論時，卻因為遭遇困頓加上年歲太大而停歇。

除了哲學著作外，曾天從尚寫詩詞自娛，頗能體驗哲人之樂。

發行人：王阿舍　發行所：遠流舊聞社

舊聞提要

1. 公共電視自23日起展開全天12小時試播，7月起將派出記者採訪新聞。
2. 電影《少女小漁》於17日獲頒亞太影展最佳影片。

▲台灣大學哲學系第4屆畢業生與老師合影。前排左2為殷海光、左3曾天從、左4洪耀勳、左5傅偉勳、左6劉述先。

▲台大哲學系1964年畢業師生於傅鐘前合影。前排左起趙天儀、謝啟言、洪耀勳、傅偉勳、何秀煌，後排左1為郭博文。

3. 台北市觀光地標圓山大飯店於27日失火，10樓以上付之一炬。
4. 台大校方於6月完成「台大哲學系事件調查報告」，並研議讓事件受害人回復名譽與教職的辦法。

讀報天氣：陰有雨
被遺忘指數：●●

台大哲學系事件平反
照見台灣哲學研究的蹣跚路

【本報訊】「台大哲學系事件調查小組」經過多方查訪之後，終於在今年6月完成「台大哲學系事件調查報告」，同時台大校方也加緊研議讓事件受害人回復名譽與教職的辦法。

雖然正義遲來了20年，不少受害人或早已過世、或不知去向、或潦倒窮困，但真相的公佈除了替受害人平反之外，更有昭告世人「將政治力驅逐出校園」的意義。

一頁滄桑史該從1972年底的民族主義座談會開始。由於台大哲學系副教授陳鼓應及哲學系4年級學生錢永祥公開指斥馮滬祥為

▲台大哲學系事件發生時，曾天從寫給時任台大校長閻振興的信函。

「職業學生」、是來「鬧場」的，於是陳鼓應遭到校方「關切」，錢生則遭記過處分；翌年2月，警總藉故逮捕陳鼓應、王曉波、錢永祥等人，雖很快就釋回，但山雨欲來風滿樓，4月教育部下令台大哲學研究所「暫停招生」，5月不續聘陳鼓應，7月由於馮滬祥於理則學考零分之後，在寫給任課老師楊樹同的信中暗示系務整飭在即，果然不久孫智燊接哲學系代主任之後，整肅行動就次第展開，次年6月包括趙天儀、陳鼓應、王曉波等13名哲學系教員悉數遭到解聘。

▲ 1964年台大哲學系師生合影。中排左2為黃金穗、左3殷海光、左4金理福、左5方東美、左6洪耀勳、左7曾天從、左8黃振華。

原任代系主任卻遭解聘的趙天儀，在事件之後失業一整年，當時哲學系的曾天從教授退休在即，還表示說要將退休金讓給趙天儀。曾天從在哲學系事件最是風雨飄搖的時刻曾寫信給當時台大校長閻振興，文字雖戒慎有節，然關懷趙天儀、林正弘等門生的心情實令人動容。這也反映出一個企圖在哲學領域裡建構「現實存在論」的純學者，在與國家機器對抗時的無奈與悲愴。

細究台大哲學系事件的發生，實際上是和蔣經國的權力接班息息相關。新的權力集團為了掌控校園，遂企圖撲滅台大哲學系自殷海光以來形成的自由風氣，因此有此殺雞儆猴的行動。趙天儀在《台大哲學系事件真相》一書中就指出，該事件造成台大失去較具懷疑、批判精神的年輕教員；它使整個台灣哲學界的研究方向定於保守的新儒家，而

喪失創發能力；整個學風由開放、自由、活潑、進取，轉為拘謹、呆滯、死氣沈沈；學界人士從此謹言慎行、明哲保身，不敢招惹是非。

不但如此，其後遺症20多年後仍清晰可見！除了殷海光一系的人馬在台大哲學系事件後幾被鏟除殆盡外，值得注意的是，像洪耀勳、曾天從、黃金穗等台籍哲學研究者，鑑於原任台大文學院院長、台灣首位哲學博士林茂生慘死於二二八事件，所以在白色恐怖年代裡，他們只能默默投入哲學研究，對現實末敢置一辭。

如今，哲學系事件雖已平反，但這對於哲學研究的發展來說，僅是消極的作為。更積極的，應該是要將老一輩學人的研究成果加以挖掘、整理，不應該任其湮滅無蹤！

▲ 曾天從（左）與洪耀勳合影。

▲ 曾天從所寫的《物質論》。

【延伸閱讀】
☼ 趙天儀，《台大哲學系事件真相》，1979，花孩兒出版。
☼ 曾霄容，《現實存在論》（6本），1966～1971，青文出版。
☼ 趙天儀，《風雨樓再筆：台灣文化的漣漪》，2000，台中市政府文化局。

Oh，No，
這是哪一國來的米苔目……？

Q 中西交通史專家方豪教授，為什麼一輩子都沒結婚呢 **?**

1 良緣難覓無奈何

2 獻身上帝當神父

3 害怕從此不自由

4 算命仙說不能娶

2 A 獻身上帝 當神父

1969年，出版《方豪六十
自定稿》前，於書房内
留影。

方豪出生於虔誠的天主教家庭，自幼即接受神學教育。

1934年他自中國寧波的聖保祿神哲學院畢業後，即獻身神職，熱心傳教。

翌年，更晉升司鐸（天主教神父），因此終生與婚姻絕緣。

雖然不曾結婚，但方豪常常用夫妻關係妙喻自己的治學領域。

他曾經幽默地說：「中西交通史可以說是我的正妻，宋史如妾，而台灣史則似小妾。

就像一般人最疼愛小妾，我也最喜歡研究台灣史，在這方面下的功夫也最多」。

這段話道出他重視、愛好台灣史研究的心意。

院士、神父、史學家——
方豪
1910～1980

方豪是天主教傳入中國幾百年來,少數兼具學者身分的神父,也是首位名列中央研究院院士的神父。

方豪,字杰人,1910年生於浙江,出身於基督教聖公會的家庭。在讀完小學4年級後,即因家境不佳而輟學。12歲時,父親方矩送他進入杭州神學院預備學校(俗稱小修道院)求學,把他的教育托給了

方豪於溝子口聖堂舉祭時講道。

教會。在這裡,方豪除了學習拉丁文、哲學,以及宗教相關的課程外,還自修法文、中國文史。由於他的興趣偏重在中西文化的交流史,因此對於外來宗教及歷代對外交通諸史也多有涉獵。

1928年,方豪轉入寧波聖保祿神哲學院,畢業後就職於平湖天主堂。1935年9月,他在杭州教區的嘉興晉升司鐸(神

父),傳道之餘,也積極從事史學研究,並結交了不少文史大儒。3年後,他到雲南昆明,協助主教于斌將天主教的《益世報》復刊,他在該報上所撰寫的社論、歷史評論等等,均頗受好評。之後,因為研究歷史的成績卓越,他得以在浙江、復旦、輔仁等大學任教,開設中西交通史與宋史等課程。

二次大戰後,方豪在胡適的力勸下來到台灣,受聘於台灣大學歷史系,直到1979年退休,均以教學和研究為重。在這同時,他並未忘記宣教工作;除推動台北教區大專天主教同學會之外,他先後主持了古亭與溝子口天主堂(位於木柵區)的興建。

從1969年到1975年,方豪以借聘身分擔任政治大學文學院院長。1974年7月16日當選了中央研究院院士。翌年,教宗保祿六世以其功在教會與學術,特頒授名譽主教加「蒙席」(Monsignor)銜。

苦學有成的方豪,專精於中西交通史、宗教史及宋史,對16、17世紀明清之際中西文化交流史有深入研究。他認為「歷史

1975年,方豪66歲時,受教宗敕封,穿著蒙席服留影。

方豪（右）與羅光總主教（左）商研學術問題。

學就是史料學」，一生尋訪資料不懈。1949年抵台後，因熱中台灣史研究，遂積極找尋、整理台灣史料，對台灣文獻的研究及整理，貢獻極大。在台30年間，他著述非常豐富，尤其關於宋史與台灣史的論述最多。

身為天主教神職人員，方豪雖然未從事天主教神學的研究，但致力於天主教在中國傳播史的探討。此外，他並未排斥佛教，對宋代佛教研究也甚勤。他的著作包括有《中外文化交通史論叢》、《中國天主教史論叢》、《中西交通史》、《宋史》、《中國近代外交史》、《方豪六十自定稿》等，備受學界推崇。

1978年方豪赴港講學，返台後因患腦血管阻塞症入院治療。1980年12月20日病逝，享年71歲。方豪曾說「余外省人也，熱愛本省文化，不讓本省同胞……以余在地方文獻上之效力而言，此實為余第一故鄉」，在在說明了他對台灣史的熱愛。

▲ 媒體報導中央研究院第22屆院士名單出爐，專研台灣史的曹永和先生也榮膺院士。

歷史報

1998年7月10日 穿越時空　獨漏舊聞

入學方案，高中、高職及五專聯招將在3年
後廢除。

4.中研院院士會議昨日投票產生第22屆院士，
　共計選出曹永和等23位新院士。

讀報天氣：晴
被遺忘指數：●●

▲ 探討西方新思潮的《文星》雜誌。

中研院新院士名單出爐
恭賀聲中見省思

【本報訊】中央研究院第22屆院士名單昨天
出爐，人文組的曹永和先生繼國史大師錢
穆、甲骨學權威董作賓、文化人類學學者芮
逸夫、中西交通史大家方豪等人之後，也以
「無大學文憑卻學術成就傑出」，而當選院
士。

▲ 第22屆部分院士照片，左下即為曹永和。

1970年代的台灣，隨著政治、經濟、社
會的發展與變遷，文化研究出現了以引進、
探討西方新思潮為主流的風尚。這種趨勢在
一般文化思潮中，大致以《文星》雜誌為代
表；而在學院的學術思潮上，則由《思與言》
雜誌為代表。兩者均努力介紹並探討西方的
新思潮和新理論，當然也引起諸多衝擊；例
如所謂「現代」與「傳統」的論爭，又如
「中西文化論戰」（因《文星》雜誌52期刊出
李敖〈給談中西文化的人看看病〉一文而引
起的），都是在這種背景下產生且蔓延開來
的。1973年7月，專精中西交通史的台大歷
史系教授方豪獲選為中央研究院院士，也顯
示了學界對中西文化交流領域的重視。

1980年代後的台灣知識分子，展現的則
是對本土文化的尋根與回歸鄉土的熱潮。歷

史學術研究自此後則有幾個趨勢逐漸形成，一是本土研究越來越多，二是社會經濟史與文化史的研究逐漸增加，不再只偏重政治史與思想史。

到了1990年代後，全球化與國際化浪潮興起，台灣社會因而面臨本土化與國際化路線之爭，不管是在中國近代史研究或台灣史研究上，都感受到台灣文化與中華文化的壁壘分明。

如今，研究東西交通史、中國海洋發展史及台灣史的學者曹永和當選院士，不免讓人聯想起方豪。二者皆無傲人的學歷；方豪以神職人員的身分，自修鑽研中西交通史、宗教史，來台後更投入台灣史研究，實踐了他所謂的「近身之學」；曹永和則以一位高中肄業的圖書館員，苦學有成，不但通曉古荷蘭文、德、英等多國語言，更因佛教而引

▲《思與言》是一本由學院主導、介紹探討西方學術思潮的雜誌。

▲方豪所著的《中西交通史》一書。

發對東西交通史的興趣。他從世界史和東西交通史的角度，從事中國海洋發展史和台灣史的研究，不但超越了政治史的限制，也跳脫國家的範圍，把台灣放在世界的座標上，提出「台灣島史」的概念，可說是台灣史研究的一大突破。

其實，學術研究原本就不能閉關自守，也不應以本土作為學術價值的判斷標準。史學研究的題材可以本土，但是分析、詮釋的角度，卻不一定要侷限於本土。記者訪問曹院士時，他強調，本土化雖然重要，但是眼睛也要看世界，千萬不要變成本土沙文主義。第22屆新科院士出爐之際，這番談話值得社會省思。

▲日治時期的竹筏。船隻為東西交通往來的重要工具。

▲圖為馬可波羅東遊的路線，開啟了西方世界對東方（中國）的好奇。

方豪年表
1910～1980

1910
●9月24日，生於浙江省諸暨縣。

1920
●冬，自杭州縣立第一單級國學校4年級休學。翌年1月9日，全家在杭州天主堂受洗，成為天主教徒。

1922
●入杭州神學院就讀，往後歷經嘉興備修院、杭州小修院、寧波大修院等12年教育。

1934
●自聖保祿神哲學院（寧波大修院）畢業，就職於平湖天主堂。

1935
●9月，在嘉興晉升司鐸（神父）。

1938
●11月，至昆明協助于斌主教復刊《益世報》。

1941
●8月，應浙江大學史地系教授之聘，抵貴州遵義。開始講授中西交通史。

1944
●任教重慶復旦大學，先後出版《中外文化交通史論叢》、《中國天主教史論叢》。

1946
●4月，抵南京，任《中央日報》主筆，2個月後，轉往北平擔任上智編譯館館長，兼任輔仁大學教授。

1949
●2月，來台，就任台灣大學歷史系教授。

1953
●夏，在西班牙馬德里國家圖書館，發現1593年刊印的《無極天主正教真傳實錄》。秋天，晉謁教宗。

1969
●擔任政治大學文學院院長。
●6月，出版《方豪六十自定稿》上下兩冊，12月，又出版《方豪六十自選待定稿》補編乙冊。

1974
●7月，當選中央研究院院士。

1975
●7月，教宗保祿六世以其功在教會與學術，特頒授名譽主教加「蒙席」（Monsignor）銜。同年秋，政大借聘期滿，辭去政大文學院院長職。

1979
●8月，自台大歷史系退休。

1980
●12月20日，病逝於榮民總醫院，享年71歲。

【延伸閱讀】

⇨ 方豪，《方豪六十自定稿》，1969，作者自印。

⇨ 方杰人院士蒙席哀思錄編輯委員會，《方杰人院士蒙席哀思錄》，1981，國立政治大學。

⇨ 關志昌，〈于斌〉，收入《民國人物小傳》第3冊，1987，傳記文學。

⇨ 李東華編著，《方豪先生年譜》，2001，國史館。

麻辣鮮師我最ㄅ一ㄤ!

1　丟粉筆砸學生的頭

2　叫學生去看書

3　命令他們青蛙跳

4　罰他們背經濟學大字典

2 ᴬ 叫學生去看書

就讀總督府高等學校時的張漢裕（左）。

張漢裕在教書時，有一次遇到學生交頭接耳、吵鬧不休，弄得他很生氣，因此就把書放下，
開始給學生上了另外一課。他先談起自己成長過程中經歷的民主主義精神，
爾後介紹3本自己覺得受益頗多的書給學生：分別是《佛蘭克林》傳記、
《約翰彌勒》自傳及《魯濱遜漂流記》。他認為這3本書可說是西洋經濟發展的重要資料，
可以更深刻了解近代資本主義的精神與企業活動。
原本吵鬧的學生，看到張漢裕發火了，不禁安靜下來，提心弔膽地聽老師訓話。
沒想到老師說起往事來越說越高興，學生們這才放下心來，
對於老師交代的課外讀物，當然也就乖乖地去拜讀了。

台灣的經濟學泰斗——
張漢裕
1913~1998

1956年5月，張漢裕於日本奈良若草山旅行時留影。

近年來，台灣的經濟學界以數理經濟、計量經濟為研究主流，相反的，經濟史、經濟思想研究則成鳳毛麟角；然而，如果我們去檢視前台大經濟系暨研究所所長張漢裕教授的學術成果，將會發現他其實是內蘊豐富、歷久彌新的經濟思想史、經濟史研究瑰寶。

戰後被稱為經濟史暨經濟思想史泰斗的張漢裕，1913年6月2日出生於台中縣東勢鎮的一個客系家族。1934年自台北高等學校畢業後，就進入東京帝國大學經濟學部就讀，受業於知名的殖民研究學者矢內原忠雄（以《帝國主義下之台灣》揚名於世）門下，1937年從經濟學部畢業後再入大學院（研究所），研究題目為「殖

1950年6月，張漢裕（中坐者）和中國經濟專題研究班學員合影於台大法學院門口。

民理論史」。1947年時他正式獲得東京帝國大學經濟學博士學位，是日本殖民地出生者中，首位獲得東大經濟學博士的人。其後經過25年光陰，台灣才有涂照彥、劉進慶兩位再獲東大經濟學博士。

張漢裕1946年返台後，旋即獲聘為台灣大學法學院經濟系副教授，與法律系戴炎輝都是法學院最早的台籍教師之一。爾後他於1956年起擔任台大經濟系主任達10年，1978年自台大退休後轉任淡江大學企業管理系，直到1998年過世時仍是台大、淡江兩校的名譽教授。

雖然娶了台灣民主文化運動者蔡培火的女兒，但張漢裕並未涉入政治活動，一生始終堅守在教育崗位，對於研究工作更是持續不懈，可謂台灣經濟學界承先啟後的中流砥柱。

談到承先，張漢裕所研習的「殖民政策」，上溯新渡戶稻造、矢內原忠雄兩大巨擘，然而該學門並非在象牙塔裡皓首窮經即可，反而與時事關聯性極高，是政治經濟學的重要支柱。尤其是當張漢裕以被殖民者的角度重新發掘問題時，更具「其命

張漢裕1962年全家福照片。

維新」的意義。至於啓後，台灣經濟史有不少課題，包括職業倫理、西洋經濟史裡頭的重商主義、韋伯學說的闡述，張漢裕都居於權威的引領角色。例如韋伯（Max Weber）的《基督新教的倫理與資本主義的精神》，他早於1960年就中譯出版，雖非全譯本，但信實的譯筆和紮實有力的詮釋，是數十年間研讀社會科學學子最重要的理論食糧之一。

　　張漢裕一生中，以中、日、英文發表的文章近百篇、著書10多種、譯著7種，不但是國內經濟學者的翹楚，放到國際學術史中也是璀璨斐然。從1939年還是研究生身分時就開始發表論文算起，他幾乎年年都有重要論文發表。1954年岩波書店經由矢內原忠雄、大塚久雄力薦出版張漢裕的論文集《英國重商主義研究》，可見他在重商主義上的研究成果備受日人推崇。如今台灣新一代的重要經濟學人也幾全出自張漢裕門下，影響力可說是持續數十年而不墜。

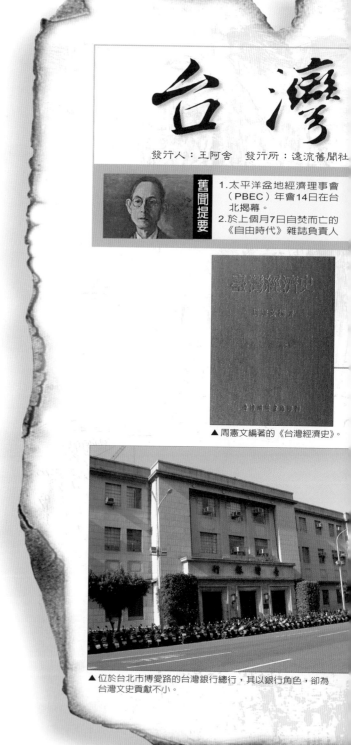

台灣

發行人：王阿舍　發行所：遠流舊聞社

舊聞提要

1.太平洋盆地經濟理事會（PBEC）年會14日在台北揭幕。
2.於上個月7日自焚而亡的《自由時代》雜誌負責人

▲ 周憲文編著的《台灣經濟史》。

▲ 位於台北市博愛路的台灣銀行總行，其以銀行角色，卻為台灣文史貢獻不小。

鄭南榕本月19日出殯。
3.著名的台灣經濟史研究者周憲文，於23日病
　逝。
4.行政院長俞國華於今日接受副院長施啓揚等
　18位內閣閣員總辭。

讀報天氣：陰有雨
被遺忘指數：●●

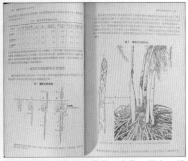

▲除了經濟類書籍，農業、產業、歷史，都
是台銀經濟叢書收錄出版的對象。

籌設台銀經濟研究室
周憲文推動台灣史研究居功厥偉

【本報訊】著名的台灣經濟史研究先行者周憲文，於本月23日病逝，享年81歲。

　　回顧周憲文先生一生，著述、譯書凡50餘部，不但稱得上是學界勤奮耕耨、成果豐厚的園丁，更讓後人激賞、感佩的是，他於1946年籌設台灣銀行經濟研究室，更於爾後推出「經濟學名著翻譯叢書」、「台灣研究叢刊」、「台灣文獻叢刊」數百種以及《台灣銀行季刊》，對於西洋經濟史、台灣史（包括一般史和經濟史）的貢獻難以估量。在偌大的台灣銀行裡，經濟研究室雖只是斗室一隅，卻成了戰後最值得國人稱道的台灣史研究的藏經閣。

▲在台灣出生、長大，並就讀台北帝大的東嘉生，是日治時期的經濟研究新秀，但在1943年時卻因所乘坐的船被擊沈而早逝。

　　專就台灣經濟史研究的脈流來說，自1920年代後期由矢內原忠雄發其端後，北山富久二郎、根岸勉治、川野重任、鹽見俊二、東嘉生等人都各自擅場，不但源遠流長，而且多發前人所未見，所以迄今仍影響深遠。不過到了戰後，要紹承日本人這股踏實的治學傳統，以及系統整理日本政府半世紀裡留下的龐大殖民遺產，可不是件容易事。這時，除了周憲文先生，台灣第一個東大經濟學博士張漢裕，就扮演了吃重的領航角色。

　　雖然張漢裕並未就整個台灣經濟史的系譜出版專書，然而從1950年起，他便於台大經濟系開授「台灣經濟史」課

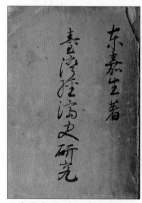

▲ 東嘉生的《台灣經濟史研究》，為戰後台灣的經濟史研究必讀之作。

程，次年他在《台灣銀行季刊》發表〈日據時代台灣經濟之演變〉一文，分成基礎工程、糖業、工業、財政等面向，將日治時期的台灣經濟作了簡明有力的闡述，這篇論文迄今仍是國人了解日治時期台灣經濟的重要文獻；再者，他與美籍學者馬若孟（Ramon H. Myers）合寫〈日治時期的官僚資本〉一文，除了延續矢內原忠雄之見，認為日治初期台灣資本主義是由少數官僚（以兒玉源太郎、後藤新平為主）的企業心所促成，而非自然演變的結果之外，也進一步探索進化論和後藤新平「生物政治學」的關聯。這使得經濟史和主觀的歷史意識有著互動辯證的可能，不再只是平面的、互不相屬的關係。而對於殖民當局歲入穩定之後的稅賦是否過苛之討論，矢內原忠雄、周憲文、張宗漢等學者均主張苛重說，北山富久二郎則不認為苛重，張漢裕雖同意台人繳稅負擔不輕，但他認為總督府也以稅收改善了人民生活。是項爭議迄今尚無定論，台灣經濟史研究的空間還大得很。

張漢裕以其紮實的重商主義研究為基礎，1950年代以後展開日治時期台灣經濟史的研究，到了1970年代又將焦點轉向戰後，特別是著眼於農民問題、民眾所得的分配等。在這些領域裡，張漢裕不但是先鋒，還立下不少的里程碑來。

張漢裕與周憲文二氏都師承東瀛，既熟悉西洋經濟理論和經濟史，又肯埋首於台灣經濟史研究，透過台灣銀行經濟研究室的支持出版更形發光，夙昔典範不容後人或忘。

▲ 被認為是日治時期最同情台灣人的日本自由派學者矢內原忠雄，1928年到台灣研究後，寫下《日本帝國主義下的台灣》。

▲ 台灣銀行經濟研究室出版了眾多經濟史書籍，圖為《清代台灣經濟史》。

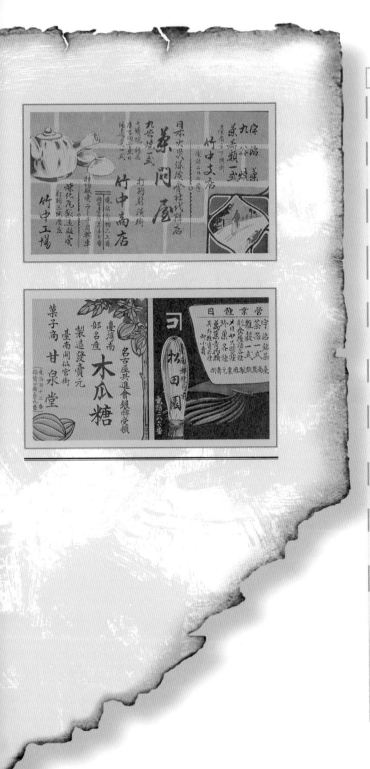

張漢裕年表
1913~1998

1913
●6月2日生於台中東勢。

1926
●自東勢公學校畢業，進入台中一中就讀。

1930
●入台北高等學校。

1934
●離台赴日，考入東京帝國大學經濟學部。

1937
●東大經濟學部畢業，升入東大大學院（研究所），師事矢內原忠雄教授，研究題目爲「殖民理論史」。

1939
●首度於學術期刊《社會經濟史學》發表論文。

1942
●翻譯英國湯瑪斯曼著作《以外國貿易增進英國的財富》，列入「岩波文庫」。

1943
●任東大東洋文化研究所副研究員。

1946
●返台任台灣大學經濟系副教授。

1947
●獲東大經濟學博士學位，爲台籍人士第一位東大經濟學博士。

1948
●升任台大經濟系教授。

1954
●《英國重商主義研究》一書由東京岩波書店出版。

1956
●兼台大經濟系暨研究所主任。

1978
●自台灣大學退休，轉任淡江大學企業管理系專任教授。

1986
●獲聘爲台大名譽教授。

1990
●獲第13屆吳三連基金會社會科學卓越成就獎。

1991
●任中國經濟學會理事長。

1993
●獲聘爲淡江大學榮譽教授。年底獲頒台美基金會社會科學成就獎。

1998
●10月29日辭世。

【延伸閱讀】
❖ 張漢裕，《張漢裕博士文集》（1～7），1974、1983、1994、1995，張漢裕博士文集出版委員會。
❖ 吳敏聰編，《張漢裕教授紀念研討會論文集》，2001，台大經濟研究學術基金會。

告急，告急，
搶救李博士，惠賜一票！

他是拜波茲坦宣言之賜
拿到博士學位的

他的學位是德國波茲坦
大學授與的

3 波茲坦是他發現
的一種蛇毒

波茲坦是台語「博士爛」
的譯音

1 A

他是拜波茲坦宣言之賜拿到博士學位的

年輕時的
李鎮源。

1945年時，由於日本戰敗將從台灣撤退，台北帝國大學也由中國政府接收。
台北帝大一旦被取消，博士研究生想要拿到學位就得把論文送往日本的大學，
請熟識的教授推薦，最後還得經過校方核准，才可能領到學位，非常麻煩。因此，凡是已經從
事一段時間研究而成績不錯的學生，校方都趕在被接收之前頒發博士學位。
1945年10月李鎮源和藥理學科同門師弟彭明聰，雙雙獲得台北帝國大學醫學博士學位，
他們因此戲稱自己是「波茲坦博士」——因為日本接受了波茲坦宣言宣佈投降，
才正好在這時候拿到了博士學位。

國際蛇毒大師——
李鎮源
1915~2001

1991年9月27日,陳師孟(右)、李鎮源(中)、施明德(左),參加「一〇〇行動聯盟」反閱兵、廢惡法運動。

很多人知道李鎮源,是因為他曾經上街頭為民進黨站台,也曾任「建國黨」主席,卻不知道他原來是一位國際知名的學者。人稱「蛇毒大師」的他,在從政之前,對學術、醫學的貢獻極大。

李鎮源出生於高雄橋仔頭,10歲時父親因感染瘧疾病逝,影響所及,他日後選擇習醫。1928年,他考進台南州立第二中學(今台南一中前身),畢業後保送台北高等學校理科。1935年赴日投考東京帝國大學醫學部,不幸落榜;翌年4月台北帝國大學醫學部成立,他才考入台北帝大就讀。

1940年3月李鎮源從台北帝大畢業,當時醫學部僅有杜聰明一位台籍教授,李鎮

李鎮源全家合影。

源抱持「台灣人幫台灣人」的心情,決定跟隨杜聰明做研究,為台

灣人在學術界爭氣。杜聰明要求學生以3大題材(鴉片、漢藥和蛇毒)作為研究範圍。當時鴉片研究已見成效,因此李鎮源就從漢藥著手,其次研究蛇毒。後來他以「鎖鏈蛇蛇毒的毒物學研究」為題,揭開鎖鏈蛇中毒致死的原因。這項成果使他獲得台北帝大醫學博士學位,但成果並未在國際刊物發表;戰後另一印度學者提出相同結果,被認定為第1個發現者。這件事加深他「科學必須國際化」的想法。

1950年前後,台大醫學院藥理學科轉由李鎮源主導。1955年他接任台大醫學院藥理學科及藥理研究所主任,率眾專注於蛇毒研究。1960年代美國參加越戰,因美軍在越南沼澤森林經常遭毒蛇咬傷,美軍研發部因此向台大藥理科尋求協助,這項委託即由李鎮源和助手張傳炯負責。1963年他們首度由雨傘節蛇毒中分離出甲型雨傘節神經毒素,使神經生物學研究獲得重大突破。這項成就使得他在1969年榮獲教

李鎮源與夫人合影。

育部學術獎，翌年更獲選中央研究院院士的榮銜。

由於李鎮源的蛇毒研究成果非凡，各項榮譽接踵而至。1976年國際毒素學會將最高榮譽「雷迪」（Redi）獎頒發給他，同年他並應聘為美國國家衛生研究院Fogarty訪問學人；他是第一位獲得這項榮譽的華籍學者。3年後，他應德國著名的Springer出版社邀請，主編蛇毒研究專書，由他出面邀請全世界的專家，分別就蛇毒的化學、藥理、生化、免疫及臨床方面撰寫專文，再整合成冊。這本書內容詳實完整，確立了他在蛇毒研究上國際權威的地位。往後，他在1985年擔任國際毒素學會會長，為國內學者出掌國際學術界的少數個例之一。

1980年代末李鎮源退休，當時正值國內社會運動與民主化運動活躍；加上他曾在白色恐怖時期目睹好友犧牲，深覺民主自由之可貴，因此積極投入政治活動。1990年3月學運時，他首次參加靜坐；翌年參與連署促使立法院通過廢除刑法第一百條；1992年更號召醫界人士籌組「醫界聯盟」，直到2001年11月病逝於台大醫院，享年86歲。

台灣

發行人：王阿舍　發行所：遠流舊聞社

舊聞提要

1. 經濟部於9日同意長榮集團赴大陸青島市投資貨櫃碼頭。
2. 《台灣蛇毒傳奇》出版，見證台灣蛇毒研

▲ 1942年3月，蔡培火、吳三連、杜聰明、李鎮源4人（由左至右）於日本合照。杜聰明是李鎮源的老師，引領他進入蛇毒研究。

▲ 李鎮源與杜聰明同於實驗室中做實驗。

歷史報

1996年2月20日 穿越時空 獨漏舊聞

究歷史。

3. 我國於14日向日本嚴正表明擁有釣魚台群島主權。

4. 台灣省菸酒公賣局於17日宣佈收購葡萄改採「標購制」。

讀報天氣：陰有雨
被遺忘指數：●

▲ 在研究室中的李鎮源，身旁一瓶一瓶的標本，即為他研究了一輩子的蛇。

《台灣蛇毒傳奇》出版
見證台灣生命科學發展歷程

【本報訊】由楊玉齡、羅時成合撰的《台灣蛇毒傳奇：台灣科學史上輝煌的一頁》，已於日前出版。這本書從蛇毒研究歷程，深入勾勒台灣70年來生命科學發展的軌跡。

從台灣近代醫學史來看，1970年代李鎮源能以蛇毒研究而名聞國際學術界，並非偶然。

台灣蛇毒研究最早始於日本學者進行蛇毒分類及血清治療，比較偏重於臨床運用。直到1930年代，台籍學者杜聰明的藥理學研究室才首創由毒物觀點來研究蛇毒。一直到戰前，杜聰明研究室進行了相當多蛇毒對動物生理作用以及致死量的研究；不過，當時他們所採取的，多半是

▲ 早年的研究人員於實驗室中研製蛇毒血清。

傳統生理實驗法，以觀察、紀錄實驗動物的反應為主，蛇毒本身反而不是主角。

二次大戰後，杜聰明所領導的台大藥理學科轉由其學生李鎮源接掌，蛇毒研究也從觀察變化、進入了解其變化的階段。李鎮源喜愛追根究底，對於前人的文獻都會加以求證，1944年他就是憑著這樣的質疑、求真精神，發現鎖鏈蛇蛇毒致人於死的真正原因。後來，在他擔任科主任的17年期間，展現出重視國際化、積極進取、團隊合作的領導風格，使得研究有重大進展，包括與張傳炯研究雨傘節神經毒素，找彭明聰實驗電氣生理學技術，或自費

▲ 1965年前後的台灣蛇類研究者毛壽先，攝於實驗室中。

▲ 學名為「飯匙倩」的眼鏡蛇。

到法國糾正姜吉爾的研究等。

　　1950年代末期，台灣蛇毒研究出現另一個園地，也就是杜聰明在1954年底創辦的高雄醫學院。在他的領導下，不但有楊振忠證明眼鏡蛇毒主要致死成分，不是酵素而是另外的蛋白質這項重要成果，甚至還分析完成了眼鏡蛇蛇毒蛋白的胺基酸序列。總之，1960年代台灣蛇毒研究開始在國際舞台嶄露

頭角，陸續將蛇毒蛋白分離、純化、結晶以及定序列；而研究方法也從傳統生理延伸到電氣生理和生化領域。

　　等到1970年代時，台灣蛇毒研究到達顛峰。台大藥理學實驗室和中研院生物化學研究所都投注在蛇毒研究；高雄醫學院楊振忠研究室也在國際蛇毒研究圈享有盛名。

　　1976年8月李鎮源前往中美洲哥斯達黎加首都聖約瑟，參加第5屆國際毒素學會。該學會所設置的「雷迪獎」（Redi Award），每3年1次頒發給全球貢獻最卓著的研究者；這年得獎人正是李鎮源，證明其在蛇毒研究上受到肯定。

　　1980年代台灣開始重視基因工程，研究蛇毒與生物化的學者相對減少。直到進入1990年代後，蛇毒研究再度展現生機，新生代科學家轉而從分子生物學、生物物理學的角度切入蛇毒蛋白，探討分子演化、細胞傳遞、分子結構與功能、新藥開發等，研究空間頗為寬廣。回顧蛇毒研究70年來的歷程，隱含著一部台灣的生命科學研究史。

▲ 李鎮源於1976年獲得國際毒素學會頒發「雷迪獎」時的頒獎情景。

李鎮源年表
1915~2001

1915
● 12月4日出生於高雄橋仔頭。

1922
● 4月入學高雄仕隆公學校，9月轉學至台南第二公學校。

1924
● 父親感染瘧疾病逝。

1928
● 4月入學台南州立第二中學（今台南一中）。

1935
● 赴日本考東京帝國大學醫學部，落榜，翌年4月考進台北帝大醫學部。

1940
● 3月台北帝國大學醫學部第1屆畢業、任杜聰明藥理學教室助手（今之助教、助理）。

1945
● 獲台北帝國大學醫學博士，與李朝北醫師次女李淑玉小姐結婚，12月任台灣大學醫學院副教授。

1952
● 8月赴美國賓州大學醫學院擔任研究員，翌年赴偉恩（Wayne）大學醫學院生理學科，研究血液凝固。

1955
● 2月起擔任台灣大學醫學院藥理學科及藥理學研究所主任（1955-72）。

1963
● 與張傳炯利用電泳法分離出 α、β、γ 兩傘節神經毒素。
● 任國家長期發展科學委員會「研究講座教授」。

1970
● 當選中央研究院生物組院士。與法國巴斯德研究所姜吉爾（Changuex）合作出版論文。

1972
● 擔任台灣大學醫學院院長（任期6年）。

1976
● 榮獲國際毒素學會「雷迪獎」，並獲美國國家衛生院（NIH）的國際Fogarty邀請為訪問學人。

1982
● 成立「中華藥理學會」，並擔任第1屆理事長。

1985
● 當選國際毒素學會會長。

1986
● 自台灣大學醫學院退休，榮獲第1屆「醫學貢獻獎」、「科技人才獎」。

1990
● 參加「三月學運」靜坐。翌年10月擔任「一〇〇行動聯盟」反閱兵、廢惡法運動發起人。

1992
● 籌組「台灣醫界聯盟」，擔任第1屆會長。

1996
● 建國黨創黨人之一，並擔任第1任主席。

2000
● 5月擔任總統府資政。翌年病逝台大醫院，享年86歲

【延伸閱讀】
⇨ 李瓊月，《台灣醫界大師：李鎮源》，1995，玉山社。
⇨ 楊玉齡、羅時成，《台灣蛇毒傳奇：台灣科學史上輝煌的一頁》，1996，天下文化。
⇨ 李明楨、林靜靜，《台灣的良知：李鎮源教授》，2002，商周。

為什麼阮得要
飄洋過海……

1 把他和五四三的
狐群狗黨隔絕開來

2 營養不良，
爹娘送他去進補

3 因為他太資優了，
國內沒有老師可以教他

4 為了讓他接受
中日雙語教學

2^A 營養不良，
爹娘送他去進補

現今有些人會把小孩送到國外唸書，有些是考量語言學習、
有些則是為了讓小孩在不同的教育體制中學習。但是財經專家蔣碩傑15歲時
被父母送到日本讀書的原因，卻是因為他實在太瘦弱了。
那時他就讀於南洋高中，因為學校伙食非常差，讓正在成長中的蔣碩傑根本營養不足。
由於他的父母都在日本工作、居住，根本不曉得孩子的狀況。
直到有一天收到孩子和妹婿一起出去遊玩的照片，面對相片中瘦成皮包骨的蔣碩傑，
當下就決定要把他接到日本去。因此，就在匆忙的情況下，連一句日語都不懂的蔣碩傑，
就到了日本求學。

堅持自由經濟理念的儒者——
蔣碩傑
1918~1993

1961年陳誠副總統（右1）訪美，在華府雙橡園舉行酒會時與蔣碩傑（左）握手。

1984年蔣碩傑伉儷攝於日本皇宮內。

一生執守自由經濟理念的中央研究院院士、中華經濟研究院首任院長的蔣碩傑，原籍湖北應城，1918年8月3日生於上海。他的父親蔣作賓是國府時代的軍政要員，然而蔣碩傑終其一生卻堅守經濟領域，未曾跨入仕途，堪稱有為有守的謙謙儒者。

1934年蔣碩傑遠渡重洋赴日本慶應義塾大學預科就讀，1937年續念大學本科，但因盧溝橋事變爆發而返國，其後改至英國繼續學業。翌年進入倫敦政治經濟學院，1942年獲經濟學大師海耶克之助取得獎學金，再入政經學院研究所。由於在日本就學期間精研理則學，為他奠定了思考邏輯清晰的基礎，加上英國自由學風的薰陶，所以初生之犢的他就敢於撰文批駁包括凱因斯（John Maynard Keynes）、卡爾多（Nicholas Kaldor）、庇古（A. C. Pigou）等經濟學權威的論點，而且言必有據，頗受英國經濟學界矚目。1945年蔣碩傑的博士論文還得到該校象徵最佳論文的「赫其森銀牌」。

抗戰勝利後蔣碩傑旋即返國，翌年應張嘉璈之邀赴東北行轅經濟委員會擔任調查研究處處長，不久，辭職返北平至北大經濟系任教。1948年底因國共爭戰，他離開了中國大陸轉至台灣大學任教。1949年7月離台赴美，進國際貨幣基金組織（簡稱IMF）繼續學術研究達10年。於此期間，他釐清了貨幣理論的思路，對凱因斯學派的流弊批判有加。所以1954年與劉大中應邀返國，共同提出單一匯率、外匯券、利率自由化等建議，受行政院長俞鴻鈞任命為行政院經濟顧問。1958年更膺選為中央研究院第2屆院士，是當時人文組中最年輕的院士。

蔣碩傑在離開IMF之後，先後任教

1985年4月，蔣碩傑（右）與李登輝（時任副總統）合攝於中華經濟研究院。

1992年攝於中華經濟研究院。

於羅徹斯特大學、康乃爾大學，1972年以洛克斐勒講座教授身分至菲律賓大學講學。1974年鑑於台灣發生嚴重的通貨膨脹問題，與劉大中、邢慕寰、費景漢、顧應昌、鄒至莊5位院士聯名發表〈今後台灣財經政策的研討〉一文，提出健全貨幣市場、實施機動匯率、建立期貨外匯市場、加強徵收地價稅和土地增值稅、實施加值稅等主張。1978年再與前述4位院士（劉大中已逝）聯名發表〈經濟計畫與資源之有效利用〉，此與後來實施的6年國家建設計畫有相當關係。

1980年蔣碩傑應邀擔任由政府撥款及工商界捐助，以財團法人方式成立的獨立研究機構「中華經濟研究院」的籌備處處長，翌年中華經濟研究院正式成立，他擔任首任院長。1985年膺選爲倫敦政經學院榮譽院士，同年自康乃爾大學退休，專職於中華經濟研究院。其後因身體日衰，1990年改任中華經濟研究院董事長，1993年因健康持續惡化而辭職，同年10月21日病逝於美國芝加哥。

蔣碩傑頗似戰國末期的韓非，雖拙於言辭，然而筆鋒精采銳利，像著名的「蔣王論戰」（蔣碩傑與王作榮的財經論戰），不但膾炙人口，於今思之，更成爲知識分子難能的跫音傳唱。

台灣

發行人：王阿舍　發行所：遠流舊聞社

舊聞提要

1. 再於11日過境的西仕颱風帶來豪雨，導致台北縣五股、蘆洲一帶災情慘重。
2. 行政院於12日通過「民法親屬篇」，明定表兄妹

蔣王財經大論戰

【本報訊】戰後最重要的一場財經問題大辯論，在幾經周旋協調後，於8月15日下午2時至6時半，以「台灣經濟問題與對策討論會」之名，假時報文化事業大樓舉行。

參與辯論的兩造，一方是由中華經濟研究院院長蔣碩傑領銜，包括費景漢、陳昭南、許嘉棟；另一方則由台大經濟系教授兼《工商時報》總主筆王作榮帶頭，陸民仁、陳

論穩定中求成長之經濟政策

▲參與會議的劉泰英。

禁止結婚。

3.「台灣經濟問題與對策討論會」於15日下午假時報大樓舉行，分別由蔣碩傑與王作榮領銜辯論。

4.全世界最年輕的大學畢業生——12歲的羅傑於16日自美返台。

讀報天氣：陰有雨
被遺忘指數：●●

媲美西漢鹽鐵論盛會

文龍、柯飛樂等助陣。另外，企業界的王永慶、徐有庠、陳茂榜等都列席發言，盛況可謂空前。會後並由蔣碩傑、王作榮二人發表共同聲明，針對產業政策、財政政策與金融政策提出共識意見。這場辯論會由台視全程錄影，將於明日晚間播出，所謂「蔣王論戰」就此暫告一段落。

撇開蔣、王二人原先在報刊上筆戰的後期文字所夾雜的主觀情緒不論，他們的論戰其實正可反映台灣經濟政策的演變歷史。約在1970年代末和80年代初，台灣又經歷了一場因石油危機而衍生的物價上漲難題，實務經驗豐富的王作榮便力主：貨幣供應量應適度增加、利率不宜大幅上升、新台幣不宜升值。但這樣的主張，顯然不為享有國際盛名的貨幣學專家蔣碩傑

▲「台灣經濟問題與對策討論會」會場。

所接受。蔣碩傑向來對增加貨幣供給有意見，因此為文主張：貨幣供給量的增加率必須控制在一定範圍內、利率宜作大幅上升、新台幣可以大幅升值，看法與王作榮相反。他更以「五鬼搬運法」、「金蟬脫殼法」等說法，批判了國家增加貨幣供給、低利率放款給企業家等的不恰當。

蔣碩傑 157

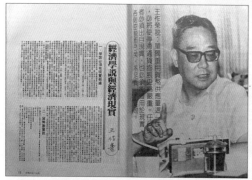

▲ 會議中的王作榮與其發表之相關經濟問題文章。

▲ 演講「亞洲四小龍的經濟起飛」的蔣碩傑。

蔣、王二人從1981年春、夏之交開始於報端陳述己見，國內學者、專欄作家、工商企業人士及一般社會人士也紛紛加入辯論，支持蔣碩傑一方的多為學者，因而學院派之名不脛而走；而站在王作榮一方的以從事經濟實務者為主，所

▲《環球日報》社所發行的台灣經濟問題與對策討論會的合集，收錄完整紀錄。

以被貼上專欄派或社論派的名目。另外，兩造基本差異在於，學院派認為必先控制通貨膨脹，才能達成經濟成長；專欄派則主張在控制通貨膨脹過程中，應極力避免經濟上的長期低成長，貨幣政策正是焦點所在，所以也有人認為這是唯貨幣學派ＶＳ.凱因斯學派

論戰的延續。

戰火由1981年蔓延到1982年仍極熾熱，遂令政府有關當局力囑經建會構思籌辦一場辯論會，用以釐清爭議所在、闡釋政府的政策路線。不意到了7月下旬，王作榮竟以「在不公平的基礎上討論問題，已無意義」為由拒絕參與辯論。直到由民間的《工商時報》接手，並經兩造同意後，才有了這場大辯論的誕生。

由於王作榮為首的這一方熟諳台灣政經情勢，所以攻勢較為猛勁；然而蔣碩傑一方較貼近權力決策核心，所以也不致落居下風。這場辯論涉及的不僅於政策路線之爭，更和國家基本政策、美國經濟思潮的流變交鋒有關。

透過公共領域來與聞政治經濟事務，在中國歷史上除了西漢昭帝時代桑弘羊與賢良文學之士激辯「鹽鐵論」的盛事外，兩千年之後才有這場讓人回味十足的「蔣王論戰」。

1918
- 出生於上海。

1934
- 入日本慶應義塾大學預科。

1937
- 慶應義塾大學預科畢業，續念本科，因中日戰爭全面爆發返國。

1938
- 入英國倫敦政經學院就讀。

1942
- 因海耶克之助獲得獎學金，升入政經學院研究所。並於英國期刊首度發表批判凱因斯的學術論文。

1945
- 通過口試，獲博士學位。抗戰勝利後旋即返國，年底赴東北。

1946
- 任東北行轅經濟委員會調查研究處處長，旋辭該職，至北大經濟系任教。

1948
- 年底至台灣，任教於台大經濟系。

1949
- 離台赴美，任職國際貨幣基金達10年。

1958
- 膺選為中央研究院第2屆院士。

1960
- 進羅徹斯特大學經濟系任教。

1969
- 赴康乃爾大學任教，並應邀擔任行政院賦稅改革委員會委員。

1974
- 與劉大中等共6位院士聯名發表〈今後台灣財經政策的檢討〉一文，聲震全國。

1978
- 與邢慕寰等院士合撰〈經濟計畫與資源之有效利用〉，裨益於六年國家建設計畫之推動。

1980
- 應邀擔任中華經濟研究院籌備處長。

1981
- 擔任中華經濟研究院首任院長。

1982
- 「蔣、王論戰」以公開辯論方式結束。

1985
- 膺選為倫敦政經學院榮譽院士。自康乃爾大學退休，專職於中華經濟研究院。

1990
- 改任中華經濟研究院董事長。

1993
- 因健康不佳，辭中華經濟研究院董事長一職，10月21日病逝於美國芝加哥。

【延伸閱讀】
- 工商時報主編，《財經政策大辯論——台灣經濟問題與對策討論會實錄》，1982，時報文化。
- 陳慈玉、莫寄屏訪問，《蔣碩傑先生訪問紀錄》，1992，中央研究院近代史研究所。
- 吳惠林策畫，《蔣碩傑先生文集》（1〜5），1995，遠流。
- 王作榮，《壯志未酬——王作榮自傳》，1999，天下遠見。

放眼戲劇，
　　誰與我來搭檔？

Q 鑽研戲劇學的姚一葦常常用哪一句話來形容自己呢 **?**

1 迷糊的大導演
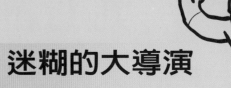

2 知識的雜貨攤

3 表演界的
超級「鋸」星

4 緣投的冷面笑匠

2 A
知識的
雜貨攤

1961年，姚一葦全家攝於竹林路寓所。右起為姚太太范筱蘭、女兒姚海星、長子姚錫泰、姚一葦、次子姚錫齡。

姚一葦的學生都知道，他常戲稱自己是一個「知識的雜貨攤」，
或者也可以說是擺攤子的「貨郎」。
原因起自於他的治學方式是法律、政治、藝術、歷史一把抓，
採取多種類的閱讀方式，並不僅專注於一門學科而已。涉獵極廣的他，也就成為了學生眼中
最能解惑的好老師。他自己也承認說：「我讀的書之雜，恐怕是很難有人可以和我相比的！」

台灣劇場的導師──
姚一葦
1922~1997

　　有台灣「劇場導師」稱譽的姚一葦，原名公偉，1922年4月5日生於江西南昌。他少時即博覽群書，偶然間藉由艾思奇的《大眾哲學》，激發出從事理論研究的興趣。1941年考上廈門大學機電工程系後，又自覺興趣不合，翌年轉唸銀行系。廈門大學就讀期

1978年《文學評論》雜誌編輯委員合影。前排左起葉慶炳、姚一葦、侯健，後排左起楊牧、葉維廉。

間，姚一葦就展露他在戲劇文學方面的長才，陸續於《汀州日報》副刊發表評論、譯作、小說和散文。1946年初廈門大學畢業後，9月渡海來台，進台灣銀行任公庫部辦事員，直到1982年才從台灣銀行研究員職位退休。

　　由於姚一葦棲身的台銀宿舍鄰近當時滿是書香氣息的牯嶺街，便得他以大量購置日人留下的哲學、文學、藝術書籍。愛智的心性讓他直逼學術專業之途。1957年因偶然機緣受到國立藝專校長張隆延之邀赴校演講，旋即受聘為教授，開始講授戲劇原理、現代戲劇、劇場藝術等課程。1964年又到私立中國文化學院戲劇系及藝術研究所任教。1982年自台銀退休後，即參與國立藝術學院創校的籌備工作，並擔任首任戲劇系主任兼教務長。姚一葦以紮實、深邃卻自學的方式跨入學院之門，不但不遜於所謂科班出身者，其視野也更為恢宏，堪稱是名副其實的民間學者。

　　另一方面，由於早年受到左翼理念的啟蒙，使得姚一葦不至於掉入獨善其身的象牙塔世界。60年代初期，他參與《筆匯》月刊的編務工作，對尉天驄、陳映真等年輕人提攜有加；1963年由於《現代文學》雜誌的同仁先後出國留學，白先勇就請託余光中、何欣及姚一葦三人輪流接辦編務工作，而後他也協助《文學季刊》的邀稿工作。其間除了陳映真，王禎和、七等生、黃春明、施叔青及李昂兩姐妹等，都因為他

1977年姚一葦在文化大學講課的神情。

姚一葦於1979年在雅典舉辦的國際比較文學會議上演講。

的大力栽培而茁壯成長之外，他更以「新批評」的方法評論白先勇、水晶、黃春明、陳映真等人的小說，許多觀點迄今仍屹立不墜。姚一葦對「成人」世界和政府體制充滿不屑，唯獨對拉拔後進的「孩子們」滿懷赤忱，這等精神又頗似喊出「救救孩子！」的魯迅。

有論者說姚一葦兼具文學戲劇的捍衛者、劇作家、文藝理論家和老師四種身分，是台灣劇場界的唐吉訶德。《中國大百科全書——戲劇卷》收錄的台灣戲劇界人士只有李曼瑰和姚一葦二人而已。姚一葦事績犖犖大者有：生平共創作14個劇本、7部學術專著、6本散文評論集；1966年他翻譯了亞里斯多德的《詩學》並作箋注，迄今仍是中文世界的翹楚；1980年他催生了台灣首屆實驗劇展；台灣第一個戲劇系也是由他在1982年所創。

姚一葦一生服膺亞里士多德的古典美學理念，卻以人本主義精神看待台灣各種類型的劇戲與藝文實驗，只因他抓得住方向，且相信年輕人的熱情之故，直到他在1997年4月11日走完人生最後一程為止。

台灣

發行人：王阿舍　發行所：遠流舊聞社

舊聞提要

1. 國立故宮博物院9日慶祝60周年院慶，舉行24項特展。
2. 為紀念李曼瑰教授而舉辦的「鑼聲定目劇場」

▲ 蘭陵劇坊所演出的《荷珠新配》。

▲《荷珠新配》劇照。

9月8日起演出，於19日落幕。
3. 台灣區運動會26日在彰化揭幕，預定在30日閉幕。
4. 教育部於27日決定動支27億元經費，獎助私立大學專科學校改善師資。

讀報天氣：陰有雨
被遺忘指數：●●

實驗劇展曲終人未散
李曼瑰、姚一葦耕耘有成

▲ 倡導劇場運動的李曼瑰。

【本報訊】由於劇場藝術欠缺新的突破，加上劇場演出者已有條件更優沃的演出管道，所以為紀念李曼瑰逝世10周年，姚一葦、趙琦彬、張曉風、牛川海等戲劇界的門生故舊特別策畫、承續實驗劇展風格的「鑼聲定目劇場」，在今年9月8日至10月19日舉行後，緊接著就奏起息燈號，讓人不免扼腕。

其實當去年12月姚一葦教授辭卸「中國話劇欣賞演出委員會」主任委員一職後，已然舉辦5屆的實驗劇展就正式結束。具有紀念性格的「鑼聲定目劇場」雖未能開啓新局，反而劃下時代的句點，但是姚一葦開創的實驗劇展，勢必在台灣戲劇運動史上占有重要篇章。

話說1978年繼李曼瑰之後接任「中國話劇欣賞演出委員會」主任委員之職的姚一葦，在他和總幹事趙琦彬極力奔走籌備經年後，終於以有限的經費在1980年7月15至31日舉辦首屆實驗劇展，共推出5個劇目，其中《荷珠新配》尤其獲得廣大回響。由於適逢海內外學人齊聚台北共同召開國建會，不少海外的文藝學人觀戲後大加讚賞，使得《荷珠新配》透過傳媒行銷而博得眾賞，演出團體蘭陵劇坊的成員吳靜吉、金士傑、卓明等也受到各界熱烈的期待。

往後幾屆實驗劇展，蘭陵無疑扮演了火車頭的帶動作用。首先，透過實驗劇展形成一個從李曼瑰到姚一葦、趙琦彬，再到吳靜吉、金士傑和卓明的薪盡火傳聯繫網；其次，在此之前儘管已有小劇場之名，但一般民眾並不認識、也未曾參與，是蘭陵劇坊讓實驗劇場、小劇場獲得更大的認同，標籤更

▲ 1943年，由林搏秋導演、厚生演劇研究會演出的舞台劇《高砂館》。

▲ 日治時期厚生演劇研究會成員於研究發表會時合影。

脫反共抗俄的八股題材。1962年經由她的力爭，教育部成立「中國話劇欣賞演出委員會」，由她擔任主委，讓青年劇展、世界劇展得以推動；她還於1967年成立「中國戲劇藝術中心」，結合姚一葦、趙琦彬、張永祥、胡耀恆等人提倡小劇場運動。不過，李曼瑰畢竟有其時代限制，一直要到出身非官方、非學院的姚一葦肩挑重任後，台灣小劇場、實驗劇場的成就才能三級跳，且橫向地與文學、評論作更緊密的合作。

姚一葦目前專職於國立藝術學院戲劇系，任教之餘創作、評論工作未曾或歇，相信他門下的高徒們會青出於藍，讓戲劇活動更形多元有力。

為顯著響亮；最後，接續蘭陵的小劇團如雨後春筍般出現，形成一股小劇場運動。台灣的劇團不但不因實驗劇展的結束而式微，反倒欣欣向榮別有丰采。

然而在實驗劇展推出之前，台灣的劇場文化由荒漠蔚為綠洲田田，李曼瑰和姚一葦的辛勤播種不可或忘。須知在日治時代，台灣本土的戲劇工作者可是有極強的寫實主義傳統，但是戰後經過二二八事件、白色恐怖時期的摧殘，以及語言政策的箝制，有才識者或被關、被殺，或流亡，剩餘者只能憂苦度日；而大陸來台的戲劇工作者，或因才識較差、或因政治重重枷鎖，只能反覆演些反共抗俄的貧乏劇目。

這時便有賴自美學習戲劇歸來的李曼瑰。她長期任教於政工幹校、文化學院，到了60年代終培養出不少戲劇人才，也慢慢掙

▲ 姚一葦在1973年發表劇本《一口箱子》，1977年搬上舞台演出。圖為演出後的慶功宴，右起為黃美序、司徒芝萍、俞大綱、姚一葦。

姚一葦年表
1922~1997

1922
●4月5日生於江西南昌。

1938
●入吉安中學就讀，隨學校遷到四川，自此未再回故鄉。

1941
●考進國立廈門大學機電工程系，翌年轉到銀行系。

1946
●年初自廈門大學畢業，旋與范筱蘭結婚。9月渡海到台灣，進入台灣銀行工作。

1951
●因不明原因入獄，自8月拘禁至次年3月始獲釋。

1952
●無罪復職，由台銀總行調至板橋分行。

1953
●以「姚一葦」之名翻譯馬克吐溫的《湯姆歷險記》，嗣後以筆名聞世。

1957
●應國立台灣藝術專科學校校長之邀赴校演講，旋受聘為教授。

1963
●與余光中、何欣3人輪流負責《現代文學》雜誌的編務。

1964
●應聘為中國文化學院戲劇系及藝術研究所教授。

1966
●翻譯並箋注亞里斯多德的《詩學》，成書為《詩學箋註》。
●擔任文化學院藝術研究所戲劇組主任。
●由台銀板橋分行調回總行任一等專員。

1968
●出版藝術理論《藝術的奧秘》，並獲該年「中山文藝獎」。

1971
●應美國國務院之邀，參加愛荷華大學國際寫作計畫。

1978
●接任「中國話劇欣賞演出委員會」主任委員。

1980
●舉辦首屆「實驗劇展」，是為台灣戲劇運動分水嶺。

1982
●自台銀研究員職位退休。
●參與國立藝術學院之創校籌備工作，並擔任首任戲劇系主任兼教務長。

1983
●原配范筱蘭病逝，年底與李應強女士結婚。
●獲《聯合報》「文學特別貢獻獎」。

1988
●獲「吳三連文藝獎」。

1992
●自國立藝術學院退休，仍在戲劇研究所任課。

1995
●親自執導新劇《重新開始》，於國立藝術學院展演藝術中心戲劇廳演出。

1997
●4月11日由於心臟手術失敗過世。

【延伸閱讀】
➪ 陳映真主編，《暗夜中的掌燈者——姚一葦先生的人生與戲劇》，1998，書林。
➪ 鍾明德，《台灣小劇場運動史》，1999，揚智文化。

送你祖傳秘方，要幸福喔～

Q 畢生致力於考古學研究與教學工作的張光直，
最想發明什麼東西 **?**

1 神奇眼藥水

2 穿越時空的飛行器

3 哈利波特的隱形衣

4 比007座車更炫的間
諜車

1^A 神奇眼藥水

張光直（左）1947年就讀台北建國中學時與長輩合影。

張光直晚年，雖然罹患帕金森氏症
（症狀為行動緩慢、肌肉僵硬、四肢顫抖、憂鬱及癡呆等），仍念念不忘考古。
1993年，他與中國社會科學院考古所合作，希望尋找中國商朝之前和商朝早期的文明與城市。
經過7年努力，終於發現了東周時期的宋城。
眼看著商代遺址呼之欲出，但這時他卻病體惡化，無法再從事田野工作。
他說，「其實我這輩子最大的希望，是能夠發明一種神奇的眼藥水，只要點上它，
所有史前時代的景象都立即真實呈現，考古遺址上死的都可以變成活的。如此一來，
我就能知道當時的人究竟怎麼生活。」可見，張光直對未能見到商代遺址的深深遺憾。

世紀考古人類學者——
張光直
1931~2001

1951年，張光直與台大考古人類學系師生合影。

自認是「芋仔蕃薯」的張光直，原籍台北縣板橋。父親張我軍不但是知名的作家，也是日治時期台灣新文學運動的奠基者之一，張我軍在北平讀書時與湖北籍的羅文淑相戀成婚。

1931年4月15日出生於北平的張光直，在家中排行第二，從小資質聰敏，7歲時考入北平師大第二附小，之後一直到高中都是保送升學。1946年底，羅文淑帶著兒女來台，與先返台找工作的張我軍相聚，張光直則進入台北建國中學就讀。在學期間，發生「二二八事件」與「四六事件」（1949年4月6日台大與師大學生被

1997年，主持先商文明研究計畫的張光直（蹲者）。

捕事件），當時才18歲的高三學生張光直因為四六事件被捕，遭受近1年的牢獄之災。出獄後他並未回校復學。他曾說：「坐了1年的牢，接觸到各式各樣的人，出來之後，對人之為人產生了很大的興趣。」1950年，他以同等學歷資格，考上第一志願的台灣大學考古人類學系，即是為了研究「人之所以為人」。

大學時，他受業於李濟、石璋如等著名考古學家，並以第1名成績畢業。後來在李濟的推薦下，獲得哈佛燕京學社獎學金，進入美國哈佛大學人類學系深造。1960年他獲得博士學位後，分別在耶魯與哈佛大學兩校的人類學系任教。直到1994年自教職退休後，回台擔任中央研究院副院長，但2年後即因疾病纏身，而改擔任院長顧問。

專注於考古的張光直也關注台灣與東南亞的史前文化。1964年他參與「台灣史前史研究計畫」，主持發掘工作，包括高雄縣林園鄉的鳳鼻頭和台北縣八里鄉的大坌

坑遺址。5年後他將考古報告譯成英文出版，向西方學界介紹台灣的考古學研究。

攝於故鄉板橋林家花園的張光直。

1972年，他主持「台灣省濁水溪與大肚溪流域自然與文化史科際研究計畫」（簡稱「濁大計畫」），積極推動科際整合研究，對日後台灣人類學和考古學的研究和發展，產生深遠影響。1988年時，他更在中央研究院成立台灣田野研究室，後改為台灣史田野研究室，推動台灣田野調查，為後來台灣史研究所的成立，奠定重要的基礎。

張光直一生致力於中國考古學和考古學理論的研究與教學工作，曾先後發表專書和論文近三百種，他的《古代中國的考古》一書，更是西方世界了解中國上古文明的最主要著作。另外，他還將現代考古學的理論和方法，注入中國考古學的研究中，還以中國文明發展模式為例，提出「生產技術並非是歷史社會前進唯一動力，政治制度、甚至宗教儀式信仰，也有可能成為另一種文明動力來源」的論點，某種程度地修正了傳統的歷史階段論，指出人類文明歷史發展的不同軌跡。他在考古學與人類學貢獻卓著，歷獲中外學界多種榮譽與肯定。

晚年，他為帕金森氏症所苦，2001年1月3日，病逝於美國，享年71歲。

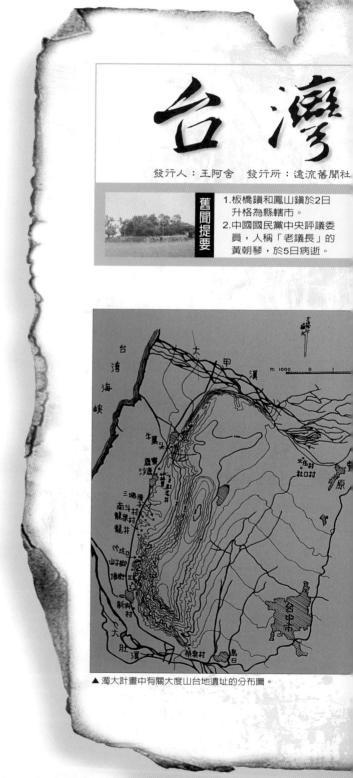

台灣

發行人：王阿舍　發行所：遠流舊聞社

舊聞提要

1. 板橋鎮和鳳山鎮於2日升格為縣轄市。
2. 中國國民黨中央評議委員，人稱「老議長」的黃朝琴，於5日病逝。

▲ 濁大計畫中有關大度山台地遺址的分布圖。

歷史報

1972年7月8日　穿越時空　獨漏舊聞

3.「濁大計畫」開始進行，此為國內第一個科際整合研究案。

4.台大考古隊8日於台南縣左鎮，挖出200萬年前的犀牛和鹿角化石。

讀報天氣：晨有霧轉晴
被遺忘指數：●●●

中央研究院歷史語言研究所
專刊之七十

臺灣省濁水溪與大肚溪流域考古調查報告
張　光　直　編

中華民國六十六年五月
臺灣　臺北

▲ 濁大計畫完成後的報告書。

「濁大計畫」起步走　台灣考古寫新頁

【本報訊】深受學界矚目的「濁大計畫」，在炎炎夏日中開始進行。這項採用科際整合的研究案，不但是台灣考古學研究的新方向，對整個東亞地區來說也是一項創舉。

據行政院國家科學委員會（國科會）表示，這項全名為「台灣省濁水溪與大肚溪流域自然與文化史科際研究計畫」，是由耶魯大學人類學系系主任張光直教授擔任計畫主持人。他將科際整合的觀念首次引進台灣學界——也就是聯合了地質、地理、動物、植物、民族（包括歷史）、考古等6大學科的學者，共同參與本研究案。學者群主要來自中

▲ 濁大計畫成果報告書中的草屯草溪路文化層。

▲ 南投草屯平林遺址挖掘過程中的探坑。

▲ 草屯草鞋墩遺址。

央研究院、台灣大學和台灣師範大學，如宋文薰、林朝棨、李亦園；年輕的學員則多為研究所學生，如就讀台大人類學系的陳其南、考古學系的臧振華。這個運用科際整合的研究案，對國內而言是種新的嘗試，國科會同意先提供1年的經費試試看。

台灣開始有考古研究，是從1896年起。以往，研究重心主要擺在史前遺址的發現與發掘、出土古物的分類、史前文化來源的探討等等，尤其偏重於分析台灣與中國、或與東南亞大陸史前文化的關係。

就以台灣中部為例，1900年左右，日本人鳥居龍藏及森丑之助首先進入中部山區，從事考古學與民族學的調查。此後一直到1940年左右，日本學者的工作大半集中在大甲溪中、上游的台地及山區，研究方法則以考古調查與地表採集為限。二次大戰後，台灣大學宋文薰、劉斌雄、石璋如等教授都陸續在中部地區發現考古遺址。1960年代當「碳十四年代測定法」引進台灣後，隨即被考古學者引用。1964年張光直與宋文薰合作挖掘「營埔遺址」時，也運用這個方法來確定此區史前文化的年代層序。

不過，這種偏重年代檢測和文化源流探討的研究取向，未來可能會有所調整。以這次的「濁大計畫」來說，它的研究重點就超越了文化史的範疇，而開始著重於人類社會文化與自然環境之間的互動；在科際整合下，它企圖將生態學和聚落型態等觀念帶進考古研究的領域，可說是台灣考古發展史上的一個轉捩點。

這種科際整合的研究取向，是目前世界考古學界的新潮流。以美國的考古人類學界

▲ 1968到70年間，宋文薰帶隊挖掘台東縣長濱鄉三間村俗稱「八仙洞」的天然海蝕洞穴，找到了屬於新石器時代的文化層。

▲ 八仙洞遺址出土文物，以打剝法製造而成的礫石器為大宗，包括石片器、石核砍器，或帶刃或帶尖但形制不固定的細質白色小型石器。

為例，他們在進行任何一個遺址挖掘（包括一開始的規畫案）時，都會聯合相關學科共同進行。學者認為科際整合的考古方式，可以避免發掘過程遺漏了任何有用的資料，或忽略了相關的問題。

「濁大計畫」主持人張光直教授原任教於美國耶魯大學，對於科際整合的工作方法自然是十分熟悉。據他指出，「濁大計畫」的目的，是要研究濁水溪和大肚溪流域的人、地互動關係。由於牽涉的領域相當多，因此事前的準備期就長達2年多，而當中資源與專業知識的整合、協調，以及財源的籌措，都極為龐雜。

不過，正因為工作方法複雜，需要各學術單位領導者的理解與支持，又需要龐大財源，因此這種研究方式的推動，其實是相當不容易的，甚至往後能否在國內生根也令人質疑。面對這些疑問，張光直一概以微笑表示，就請大家拭目以待了。

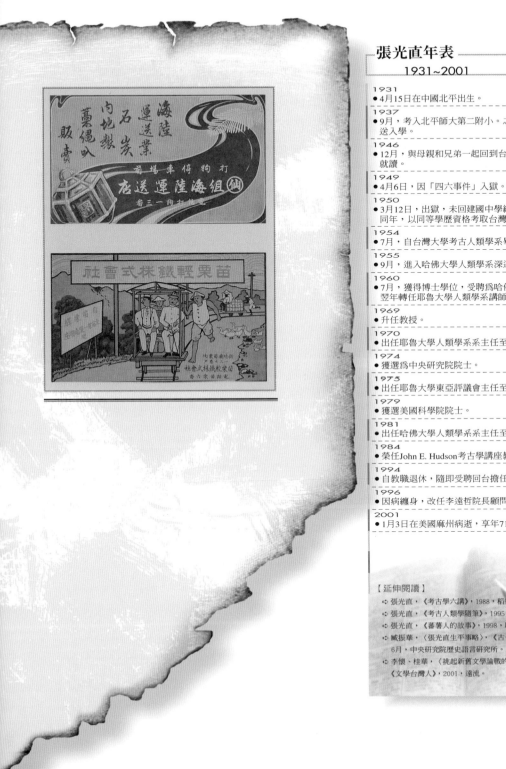

張光直年表
1931~2001

1931
● 4月15日在中國北平出生。

1937
● 9月,考入北平師大第二附小。之後至高中,都是保送入學。

1946
● 12月,與母親和兄弟一起回到台灣,入台北建國中學就讀。

1949
● 4月6日,因「四六事件」入獄。

1950
● 3月12日,出獄,未回建國中學繼續學業,在家自修。同年,以同等學歷資格考取台灣大學考古人類學系。

1954
● 7月,自台灣大學考古人類學系畢業。

1955
● 9月,進入哈佛大學人類學系深造。

1960
● 7月,獲得博士學位,受聘為哈佛大學人類學系講師。翌年轉任耶魯大學人類學系講師。

1969
● 升任教授。

1970
● 出任耶魯大學人類學系系主任至73年。

1974
● 獲選為中央研究院院士。

1975
● 出任耶魯大學東亞評議會主任至77年。

1979
● 獲選美國科學院院士。

1981
● 出任哈佛大學人類學系系主任至84年。

1984
● 榮任John E. Hudson考古學講座教授。

1994
● 自教職退休,隨即受聘回台擔任中央研究院副院長。

1996
● 因病纏身,改任李遠哲院長顧問。

2001
● 1月3日在美國麻州病逝,享年71歲。

【延伸閱讀】
⇨ 張光直,《考古學六講》,1988,稻鄉。
⇨ 張光直,《考古人類學隨筆》,1995,聯經。
⇨ 張光直,《番薯人的故事》,1998,聯經。
⇨ 臧振華,〈張光直生平事略〉,《古今論衡》第6期,2001年6月,中央研究院歷史語言研究所。
⇨ 李懷、桂華,〈挑起新舊文學論戰的先驅者——張我軍〉,《文學台灣人》,2001,遠流。

【索引】(數字為頁碼)

【鳴謝】

本書的完成，特別感謝：（以姓名筆畫序）

中國時報　　　　　吳大猷學術基金會　　林漢章　　　　　　　　　張尚一　　黃天橫
台灣大學哲學系　　李明楨　　　　　　　姚海星　　　　　　　　　曹永和　　黃文興
台灣大學圖書館　　李東華　　　　　　　胡適紀念館　　　　　　　陳坤崙　　慈濟文化志業中心文史部
台灣醫界聯盟基金會　承天禪寺　　　　　徐武軍　　　　　　　　　陳慶芳　　趙天儀
石婉舜　　　　　　明聖法師　　　　　　徐淵濤　　　　　　　　　陳學而　　劉廣定
印順文教基金會　　林宜輝　　　　　　　財團法人蔣碩傑先生文教基金會　曾天從　　錢穆紀念館
佛光山寺　　　　　林恩朋

【地圖、照片出處】

數目為頁碼

目錄（4-5）：
地圖：遠流資料室。

百年來的台灣學術發展（9-11）：
9/遠流資料室。
10、11/曹永和提供。

著書立教、善導思想（12-15）：
12/胡適紀念館提供。
14/林漢章提供。
15/明聖法師提供。

連橫（16-23）：
19-22/遠流資料室。

胡適（24-31）：
25、26（右上、左上）、30/胡適紀念館提供。
27（下）、28（左）/徐志初攝影，遠流資料室。
28（右）、29/遠流資料室。

杜聰明（32-39）：
35、36（左）、38（左）/莊永明提供。
36（右）、37/台灣醫界聯盟基金會提供。
38（右）/遠流資料室。

錢穆（40-47）：
43、44（右）、45（右、左）、46（左）/遠流資料室。
44（左）、46（右）/陳輝明攝影，遠流資料室。
45/（中）台大圖書館提供。
47/莊永明提供。

傅斯年（48-55）：
50、51、52（右上）、53、54/台大圖書館提供。
52（右上）/陳坤崙提供。
52（左）/徐志初攝影，遠流資料室。

徐復觀（56-63）：
59、60、62（右）/徐武軍提供。
61（左、右上）/遠流資料室。
61（下）/黃天橫提供。

釋印順（64-71）：
66、67、68（左、右下）、69（下）/明聖法師提供。
68（上）/遠流資料室。
69（上）/承天禪寺提供。
70（左）/慈濟文化志業中心文史部提供。
70（右）/佛光山寺提供。

陳紹馨（72-79）：
74、75、76/陳學而提供。
77、78/遠流資料室。

潘貫（80-87）：
83、84（左）、86（右）/劉廣定提供。
84（右）、85/林漢章提供。
86（左）/遠流資料室。

徐慶鐘（88-95）：
91、92（右）/徐淵濤提供。
92（右）、94（左）/遠流資料室。
93/葉益青提供。
94（右）/陳慶芳提供。

吳大猷（96-103）：
98-102/遠流資料室。
102（右下）、103（上）/吳大猷學術基金會提供。

戴炎輝（104-111）：
107/莊永明提供。
108、109（右上）/台大圖書館提供。
109（右下）/林恩朋提供。
110/遠流資料室。

林朝棨（112-119）：
114、115、116（左）、117、118/林恩朋提供。
116（右）/遠流資料室。

曾天從（120-127）：
122-126/曾天從提供。

方豪（128-135）：
130、131、132（左）/李東華提供。
132（右）、133、134/遠流資料室。

張漢裕（136-143）：
139、140（左）/張尚一提供。
140（下）/葉益青提供。
140（上）、141、142/遠流資料室。

李鎮源（144-151）：
146、147、148、149（右上）、150（右下）/李明楨提供。
149（左）、150（左）/遠流資料室。

蔣碩傑（152-159）：
155、156、158（右）/財團法人蔣碩傑先生文教基金會
　　　提供。
157（右）/中國時報提供。
156（右）、158（左）/遠流資料室。

姚一葦（160-167）：
162、163、164（左）、166（下）/姚海星提供。
164（右）/王英生攝影，遠流資料室。
165（右）/遠流資料室。
165（上）/石婉舜提供。

張光直（168-175）：
170-174/遠流資料室。

國內**最完整**的一套
台灣歷史與人物圖誌

台灣放輕鬆 系列共12冊，介紹台灣400年來的240位人物，分成12類項主題。每冊介紹該主題內具代表性的20位人物，每位人物皆透過「趣味Q&A」、「人物小傳」、「歷史報」、「人物小年表」、「延伸閱讀」等小單元，建構出人物與歷史的多元面貌。設計新穎，兼具知識性及趣味性，適合e世代人快速認識台灣。此外，每冊並有主題導讀，讓讀者在認識台灣時Easy & Fun，卻不膚淺。

◎台灣文史專家莊永明策畫，專文導讀引薦
◎曹永和、張勝彥、許雪姬、吳密察、翁佳音、孫大川、林瑞明、謝國興、溫振華、顏娟英、江韶瑩等十多位學者縝密監修
◎中國時報、聯合報、自由時報、民生報、台灣日報、Taipei Times等媒體好評報導
◎榮獲2002年金鼎獎美術設計、2001誠品好讀年度書系最佳編輯、中國時報「開卷」好書推薦、文建會「好書大家讀」好書推薦

1《正港台灣人》
李懷、張嘉驊著
定價：250元・特價：200元
特16開・全彩

以血緣來看，馬雅各、馬偕、巴克禮、森丑之助、八田與一、立石鐵臣、磯永吉等人，都不是台灣人，但是心繫台灣、研究並建設台灣，貢獻卓著。他們是比台灣人還要台灣人的「正港台灣人」。

2《台灣心女人》
林滿秋等著
定價：280元
特16開・全彩

對女性的書寫，在歷史上常是缺席的，本書所介紹的20位台灣女性，包括黃阿祿嫂、趙麗蓮、謝綺蘭、蔡阿信、謝雪紅、葉陶、證嚴法師、鄧麗君等，認識她們在各行各業的奮鬥史，台灣近代史也得以趨向更完整。

3《在野台灣人》
賴佳慧著
定價：280元
特16開・全彩

台灣人從1920年代起邁入「自覺的年代」，非武裝革命者前仆後繼爭取民權、啟蒙社會，這股風潮持續至今。本書介紹了包括林獻堂、蔣渭水、雷震、魏廷朝等20位和平改革先鋒。他們彰顯了台灣反專制、反強權的民主奮鬥史。

4 《鬥陣台灣人》

林孟欣、鄭天凱著
定價：280元
特16開‧全彩

他們是造反的土匪？還是民族的英雄？《鬥陣台灣人》從朱一貴、林爽文、林少貓、羅福星等20位民變領袖身上，看見四百年來台灣政治與社會問題的源頭；讓您在「成者為王敗為寇」和「民族英雄神話」之間，建立新台灣史觀。

5 《台灣原住民》

詹素娟、浦忠成等著
定價：280元
特16開‧全彩

這是第一本完整介紹台灣原住民的圖文書，包括平埔族和高山族群的歷史和人物。透過生動的文字和珍貴的圖片，從不同的角度認識台灣。書中各篇章多由原住民或相關領域專家完成，內容市面前所未見，十分珍貴。

6 《文學台灣人》

李懷、桂華著
定價：320元
特16開‧全彩

文學，是通往夢想世界的鑰匙。《文學台灣人》藉由訴說20位文學家的故事，來趟台灣文學的旅程。從明末的沈光文、呂赫若、林海音到王禎和為止，從鄉土文學論戰、現代文學到兒童文學等等，是探訪台灣文學發展最佳入門書。

7 《產業台灣人》

林滿秋著
定價：320元
特16開‧全彩

從早期以農林拓墾和生產為主的產業，到製糖、釀酒等加工生產，以至於現代的紡織、鋼鐵等工業和貿易，台灣產業不斷變革中。要瞭解台灣產業史，先得認識吳沙、黃南球、辜顯榮、蔡萬春、吳火獅等20位台灣的產業先驅。

8 《非凡台灣人》

陳怡方、陳嶼等著
定價：320元
特16開‧全彩

本書介紹在台灣社會中，堅持理想，為人所不能為的典範。包括王井泉、何明德、施乾、謝緯、簡吉、黃彰輝等人。這些來自不同行業、不同階層、不同背景的非凡台灣人，他們展現的行誼，是台灣社會充滿生命力的重要因素。

9 《美術台灣人》

王淑津、邱函妮等著
定價：320元
特16開‧全彩

《美術台灣人》深入三百年來台灣美術史的豐富樣貌，掌握「台展三少」、「南國風情」、「懷鄉寫實」、「正統水墨」等議題；得以和林朝英、溥心畬、黃土水、郎靜山、席德進等美術家心靈相通，體會台灣美術的美好。

10《游藝台灣人》

石婉舜、李奕興等著

定價：320元

特16開・全彩

欣賞藝術，一定得到美術館或歌劇廳嗎？藝術其實就在生活中。本書透過包括工藝名匠葉王、郭友梅、何金龍、黃龜理等、表演藝術名師李天祿、林讚成、張德成等20人呈現的精采藝術成就，讓您認識屬於台灣文化的珍貴遺產。

11《學術台灣人》

晏山農、范燕秋等著

定價：320元

特16開・全彩

認識台灣學術人物，得以掌握台灣文明的未來。本書介紹各領域代表學者，他們讓台灣走向更美好的社會，包括杜聰明、釋印順、林朝棨、張光直、吳大猷、曾天從、姚一葦等人。因為他們，台灣求真求好的精神一直延續不斷……。

12《台灣執政者》

林孟欣著

定價：320元

特16開・全彩

本書介紹在台灣政治史最具影響力的人，從普特曼斯、鄭成功、劉銘傳、後藤新平，到蔣介石、蔣經國、謝東閔等人。他們身處權力的最頂端，主導了台灣在歷史上的定位，也決定了台灣的現貌。

國家圖書館出版品預行編目資料

學術台灣人 /晏山農，范燕秋，陳純瑩文；似鳥漫畫；閒雲野鶴繪圖 . -- 初版 . -- 台北市：遠流，2002[民91]

　面；　公分 . -- （台灣放輕鬆；11）

含索引

ISBN 957-32-4743-7 (平裝)

　1．-台灣 - 傳記

782.632　　　　　　　　　　91015542

台灣放輕鬆

台灣放輕鬆。

台灣放輕鬆

台灣放輕鬆